# 好评

## 不被讨厌的营销制胜法

[美] 尼古拉斯·韦伯（Nicholas J. Webb）——著
胡 钰　庄万里——译

北京联合出版公司
Beijing United Publishing Co.,Ltd

**图书在版编目（CIP）数据**

好评：不被讨厌的营销制胜法 /（美）尼古拉斯·韦伯著；胡钰，庄万里译 . -- 北京：北京联合出版公司，2023.5

ISBN 978-7-5596-6767-0

Ⅰ . ①好… Ⅱ . ①尼… ②胡… ③庄… Ⅲ . ①市场营销学 Ⅳ . ① F713.50

中国国家版本馆 CIP 数据核字（2023）第 064913 号

北京市版权局著作权合同登记　图字：01-2022-6878

WHAT CUSTOMERS HATE: DRIVE FAST AND SCALABLE GROWTH BY ELIMINATING THE THINGS THAT DRIVE AWAY BUSINESS
By
NICHOLAS J. WEBB


**好评：不被讨厌的营销制胜法**
**作　　者：［美］尼古拉斯·韦伯**
**译　　者：胡　钰　庄万里**
**出 品 人：赵红仕**
**策　　划：张　缘**
**责任编辑：张　萌**
**封面设计：豆安国**
**版式设计：豆安国**
**责任编审：赵　娜**

---

北京联合出版公司出版
（北京市西城区德外大街 83 号楼 9 层 100088）
北京华景时代文化传媒有限公司发行
北京文昌阁彩色印刷有限责任公司印刷　　新华书店经销
字数 213 千字　　880 毫米 ×1230 毫米　　1/32　　9 印张
2023 年 5 月第 1 版　　2023 年 5 月第 1 次印刷
ISBN 978-7-5596-6767-0
定价：68.00 元

---

谨以此书献给我了不起的家人：

我的妻子：米歇尔；

我们的三个女儿：泰勒、麦迪逊和佩吉；

我的儿子：蔡斯。

# 目　录

CONTENTS

# 致 谢

我要感谢在消费者体验生态系统中那些博学的同人，感谢他们所教会我的一切。

我要特别感谢雷·鲍尔博士、马蒂·帕罗博士，以及我在“逻辑学习”（Learnlogic）和“领导力逻辑”（Leaderlogic）团队的成员。

# 前　言

四十多年来，我一直在用专业知识帮助企业改善消费者体验（customer experience，CX）。这些年的大部分时间里，在消费者体验生态系统的工作中，我恪守自己一贯的工作理念——尽力满足消费者需求，保证最佳消费者体验。像其他专业人士一样，我也曾坚信你可以利用消费者调查、推荐指数（promoter scores）和其他“一刀切”的方法来了解消费者喜欢什么。了解他们的需求后，你就能卖给他们产品。这一过程看起来符合逻辑，而且十分直接。事实上，我的关于消费者体验的畅销书《极致用户体验》（*What Customers Crave*）就是对这方面的总结。

不可否认，我们必须向消费者提供他们所需要的东西。这一点永远不会改变。这也是我们的终极目标。一家企业如果做不到这一点，那么它就会面临失败。

然而，在生意场里摸爬滚打多年，有了与不少公司决策者携手作战的经历后，我意识到，找到消费者喜欢的东西只是获取成功的一半。在当今竞争激烈、快节奏的市场中，消费者对你的品牌、公司或服务中的令人生厌之处非常敏感。这些厌恶（对，就是这个词，简单明确）的情绪和喜爱的情绪一样，会对他们的购买决定产生同样大的影响。

无论你是卖给个人消费者还是企业对企业（business-to-business，B2B），市场中不会有完美的选择。在做出购买决定时，消费者所面对的是一些不完美的选择。他们在看了一圈后会说："第一家卖得太贵了。第二家不是我想要的。第三家发货太慢。第四家卖的是套装，可是我只想要其中一个。所以哪个选择是我最不讨厌的呢？"

没有任何一家公司、品牌或者服务能够得到消费者100%的喜爱。在消费者的态度中，肯定会有一定程度的不满意。厌恶是产生消费摩擦的根源，如果与消费者之间的摩擦太大，那么就算产品和服务质量再高，也会阻碍消费者的购买行为。

在忙碌的咨询工作中，我了解到，发现消费者对你的品牌、公司或服务的厌恶之处与了解他们的喜好同样重要。然而，我看到许多用心良苦的主管在培训员工和消费者洞察项目上花费了数百万美元，但这些努力在改善消费者体验上却毫无用处。很多这样的企业还活在过去。如今这个时代，各行各业面临着大规模、持续的颠覆性发展，而他们还在尝试优化过时的系统、政策和培训项目。他们真正需要做的是按下重启键，用全新的视角来看待这个世界。

撰写本书时我注意到，有些公司减少了源于厌恶所产生的消费摩擦，而这样做确实让他们战胜了竞争对手。

如果对大多数企业来说，颠覆是一个问题，那么解决方案就是不断创新。消费者体验是一门创新学科。世界上最顶尖的公司正是通过开展复杂的消费者体验创新活动来实现变革的。他们从了解消费者的角度出发，不仅要了解消费者喜欢什么，还要了解他们讨厌什么。他们聆听消费者的不满，并将其转化为不产生消费摩擦的、对应的、有价值的消费者体验，从而成为颠覆性的领导者。这些颠覆性的领导者获得了丰厚的回报，吸引并留住最好的人才。他们享受着消费者口碑、消费者满意度、大幅降低的营销成本，以及最重要的——更多的增长和盈利空间。

本书是我多年来与创新型公司及其消费者进行一线合作的成果。我希望书中提出的新见解能够让你的公司、品牌或服务更上一层楼。

# 导读

自文明伊始，人们第一次用饰物换取毛皮以来，商人们就一直在思考到底怎样才能使顾客感到满意，从而更愿意从他们那里购买产品。如果通过某种方式掌握了满足消费者的诀窍，那么他们就会尽力为此提供解决方案。这一过程持续了数千年，大多数情况下，商家所做的仅仅是与顾客交谈，询问他们想要什么。

近年来，尤其是进入数字时代后，商家们试图以科学的方式搜集这些信息，使用了数据收集、调查、推荐指数、小组访谈等一系列复杂的统计工具。

尽管他们耗费了大量的资金和精力，但其中的很多工作都是徒劳的。在个人消费者和企业用户的市场中，每年都要花费数亿美元用于消费者偏好研究和市场数据的收集。然而研究结果往往并不完整，对消费者的洞察也不准确。事实上，绝大多数的公司都无法洞悉消费者的内心，但只有做到这一点，公司才能推动并发展出满意和忠诚的消费者群体，这是它们要实现的终极目标。公司尽职尽责地把营销工作排在首位，但他们的社交媒体评级却没有达到应有的水平，大多数消费者要么讨厌他们（最坏的情况），要么只是能够勉强容忍他们（最好的情况）。

如果你不相信我说的话，可以做一个简单的小测试：在一分钟之内，列出5家你**百分之百喜欢**的公司。和大多数人一样，你可能根本想不出哪怕一家能长期提供卓越消费者体验的公司。市场上有千千万万家公司，但大多数人都在苦苦寻找一个能提供身心愉悦的消费者体验的公司。

这个问题看起来有一些复杂。但如果你像我一样，想找到一个简单易懂、能够快速生效，并且可以持续发挥作用的解决方法，那么读这本书就对了。

在这本书中你会了解到，将注意力从单一的"**如何使消费者满意**"扩展到"**如何减少消费者的厌恶**"会对公司产生的帮助。这既不是文字游戏，也并非猜谜。绝大多数公司的表现像极了是在泰坦尼克号的甲板上擦拭铜器，殊不知这对挽救他们那艘快要沉没的"消费者体验之船"无济于事。有数据显示，大部分公司会针对琐碎的消费者体验问题采取一些行动，而不是按照分类法，优先解决那些最严重的问题。

如果想要成为消费者体验的最佳选择，你首先要做的就是消除消费者对你的厌恶感。

为什么我会如此重视消费者的厌恶情绪？

因为厌恶之中藏着成功（或者失败）的诀窍。知道你的消费者喜欢什么非常有用，因为他们想买自己喜欢的东西——这是他们的意愿所在。不过，了解消费者讨厌什么有着同样的作用。

如果一家公司的可持续增长和盈利能力是顶级的，那么它通常也会成为市场上的**最佳选择**。再次声明，我这里所说的是“最佳选择”，而非“完美选择”。而成为最佳选择，也就意味着大多数消费者最不讨厌它。这是一个极其简单的等式，但出于种种原因，大多数公司完全忽略了这一点。为什么我们要尽量了解那些心生厌烦的消费者都讨厌什么呢？以下几点是你应该知道的。

- 相比那些喜爱你的消费者，厌恶你的消费者更有可能与朋友分享或在社交媒体发布他们对你的差评。那些有具体内容的差评是造成潜在消费者流失的重要因素。
- 厌恶你的消费者在描述自己所厌恶的内容时往往

更加详细。喜爱你的消费者常常使用一些笼统的好评，但厌恶者的描述会非常具体。他们会具体地指出到底是哪一点惹恼了他们。正如前文所说，了解他们具体对哪一点不满，对你公司以后的发展很有帮助。

• 厌恶你的消费者情感更强烈，语言也更有冲击力。

• 厌恶你的消费者有掌握市场的力量。几条差评就能让你从竞争中退出，使你的公司损失惨重——某些情况下甚至会损失数百万美元之多。

• 厌恶你的消费者希望与任何愿意倾听他们的人交谈，其中也包括你。而与厌恶你的消费者直接接触是获得消费者洞察的最佳方式。

以下几个原因可能是最有力的。

• 厌恶者也是发明家，他们可以就公司如何杜绝消费者的厌恶提出具体建议。

• 将厌恶你的消费者转变成为喜爱你的人，是公司或品牌的最佳宣传材料。

从消除消费者的厌恶开始展开工作，有助于解决根本问题，并且可以为“消费者喜爱什么”这个问题提供更一针见血的答案。

《好评》一书将展示如何避免全球一流公司或团队也曾遇到的一些常见陷阱，以及如何改变对消费者体验的理念性观点，从而认识到消费者体验实际上是一种创新的活动。

为了区分消费者对你的好恶，本书提供了一个强大的新工具：净消费者体验（the Net Customer Experience，NCX）。你可以通过RealRatings评价系统得到净消费者体验值，这个评价系统通过5个接触点和一系列的“厌恶/喜爱”人群分类来提供对消费者好恶的准确评测。

在RealRatings的调查方式中，消费者会打出自己的喜爱值和厌恶值。“喜爱值”是通过4种旨在让消费者满意的体验来进行测量的，问题的4个可选答案分别为“不喜欢”“还行”“喜爱”和“非常喜爱”。

“厌恶值”则通过4个有可能导致消费者不满的消费者体验环节进行评测，可选答案分别为“不太好”“较差”“厌恶”和“非常厌恶”。

从喜爱值中减去厌恶值，我们会得出一个分数，这个分数就是净消费者体验值，表示消费者体验的净总和。净消费者体验值非常有用，因为它明确询问了消费者不喜欢什么，以及在特定的接触点上消费者所喜欢的又是什么。这种做法提供了可以操作的洞见，让你的公司可以迅速改善令消费者不满的问题，从而显著提高净消费者体验的分值。

通过RealRatings和净消费者体验的显著作用，本书将展示企业如何显著降低获客成本。本书也将告诉你如何留住消费者，并将他们变成公司的宣传人员。你将学习如何建立一种具有企业幸福感的文化，以及使用譬如消费者体验黑客马拉松（customer experience hackathon，译者注：该术语指员工根据消费者体验这一主题在规定时间内共同努力解决问题。）这类强力工具的方法。在激烈竞争、剧烈颠覆和过度消费的时代中，你将透过本书掌握企业蓬勃发展所需的一些知识。

这本书将深入探讨一个许多企业和商人试图回避的棘手问题：员工幸福感与消费者满意度之间的直接联系。然而，真正的（而且同样重要的）秘密是：员工的痛苦与**消费者的厌恶**之间存在着因果关系。这个事实非常重要：如果你的员工散发出消极的负能量，消费者也不会在与你们的互动中感到开心和满意。

有鉴于此，本书提供了关于如何使企业幸福成为企业战略的有力见解。消费者体验不是一种软件上的解决方案，不是过时的最佳实践，也不是净推荐值（the Net Promoter Score，NPS）或调查结果。这本书会告诉你，我们需要重新定义消费者体验：不是将它视为一种市场营销活动，或者可有可无的噱头，而是应该把它定义为一种创新活动。要做到这一点，尤其是在如今这样一个竞争激烈的市场中，你需要获得消费者体验创新（Customer Experience Innovation，CXI）的超能力。

这件事的逻辑不难理解：想要让消费者满意，你不仅需要提供他们想要的东西，还必须减少让他们烦心的事物——对了，在这个过程中别忘了把你的员工也考虑进去。

准备好了吗？我们开始吧！

# 01

# 你的消费者讨厌你，赶紧习惯这一点吧！

想象一下，你和好朋友从家驾车几小时到某个景区。此时临近黄昏，而你们已经玩了一整天，都感到有些饿了，需要找到一个吃饭的地方。这是个陌生的地方，你们不清楚当地有哪些餐馆，于是习惯性地打开手机，检索周边的美食推荐。在屏幕上，你看到了一个选择：最近的餐馆是一家全国连锁的汉堡店。

“唉，咱们别去那里吃，”你说，“我想要吃真正的好东西。”

下一家是比萨连锁店。

“不，”你的同伴说，“他们的比萨吃起来像是硬纸板。”

“这里有一家，”你说，“‘妈妈家常菜’，他们的食物和服务态度都不错。”

你的同伴也觉得可以去看一下这家“妈妈家常菜”。15分钟后，你们的车开上了餐厅门前的碎石车道。

“哎呀，”你的同伴说，“这个地方有点吓人。瞧瞧停在这里的这些摩托车！看来这位‘妈妈’八成是本地飞车党的成员，咱们还是别进去了。”

你们重新回到了高速路上。此时太阳就快要落山了，而你们已经饥肠辘辘。你接着往下滑动屏幕上的餐厅列表。“前面几公里外有一家饭店——‘乔伊海鲜’。”

“照片看上去还不错，”你的同伴说，“去看看吧。”

15分钟之后，你们来到了“乔伊海鲜”门前。这家店看起来不错，你们停好车，然后走了进去。

一进门，同伴就转过身对你说：“你闻到那股馊味了吗？这可不是新鲜海鲜的味道，我们还是离开吧。”

于是你们又回到车里，此时天已经黑了下来。“我饿死了，”你说，“还有什么地方可以去吃饭吗？”

“‘帕斯塔花园’，”同伴说，“就在前面6公里。”

你们的肚子已经咕咕叫了。你开车到了“帕斯塔花园”，停好车下来。菜单就贴在饭店外面，你看了看：“说实话，我不想吃意大利面。”

“我们没有别的选择了，”同伴说，“你可以吃鸡肉或牛肉。”

你们走了进去。这个地方还可以，“凑合”或许是最好的说法。

“我们得吃饭了，”同伴低声说，“能差到哪儿去呢？”

“没问题，我们会活下来的。”你边回答边跟着服务员到了座位上。

你们按部就班地点了餐，喝了一瓶勉勉强强的酒。酒足饭饱之后，你付了账，两个人回到车里。

“你的鸡肉怎么样？”同伴问道。

“咬起来跟橡胶差不多，”你耸了耸肩，“但至少还能吃。我们走吧！”

回想一下刚刚发生的事情：那天晚上，你在5家餐厅中选择了其中一家。“帕斯塔花园”是最后的赢家，他们抢到了生意。但这家餐厅的老板应不应该为此而沾沾自喜呢？他是否可以就此认为，由于你选择了这家餐厅，所以你就会喜欢他们的服务，而且以后还会经常光顾，甚至推荐给你的朋友？

答案显然是否定的。你选择了“帕斯塔花园”，并不是因为喜欢它，你也不会把它列为最喜欢的餐厅之一。选择它另有原因——它让你不满意的地方最少。其实，你希望有生之年再也不会光顾这家餐厅。这家店里有很多让你不喜欢的地方，比如沉闷的用餐氛围、橡胶似的食物口感、品质一般的酒水、敷衍的服务。说得难听点，“帕斯塔花园”唯一的优点，就是食物尚且能吃，能让人填饱肚子，也没有让你生病。当你饥肠辘辘的时候，你对“帕斯塔花园”不温不火的好感战胜了对它各方面的“厌恶”。

在净消费者体验的评分系统中，该餐厅的好评数只是勉强超过了差评数。这虽然比全是差评要好，但这样的企业绝对没有办法长久经营。你要做的是真正地吸引消费者，而不是让他们勉强接受你的产品。理由如下：虽然“帕斯塔花园”的老板可能认为自己已经占据了市场，不必太过担心竞争对手，但一旦街上开张了一家新餐厅，并赢得了顾客们更多的喜爱和更少的不满时，“帕斯塔花园”无知的美梦就结束了。一夜之间，顾客们有了真正好的选择，“帕斯塔花园”将走向没落。这样的场景一次又一次地发生在各个行业，从零售业到电子信息，再到汽车工业。在零竞争的情况下，即使忽视消费者的不满，企业也可以经营下去。然而一旦有强大的竞争对手出现（这是常态），沾沾自喜的企业家根本来不及应对新的竞争，消费者们也会在第一时间转向新的产品、新的服务和新的品牌。

赢得消费者的喜爱应当是企业的第一目标，每个企业都必须专注于提供有价值和出众的消费者体验。同时我们也要看到经营的另一面，即顾客也会对企业不满意，所以这提醒我们，“避免顾客的不满”与“赢得他们的喜爱”同样重要。

## 完美是不可能实现的

当一个企业家看到这本书时，他可能会这样说：

“我不明白为什么这本书叫‘**消费者讨厌什么**’（编者注：原版书的书名*What Customers Hate*直译为‘消费者讨厌什么’）我的消费者之所以是我的消费者，是因为他们喜爱我提供的产品和服务；如果他们厌恶我的公司或者我的产品，就不会成为我的消费者。我们处在一个高度竞争的市场中，每个消费者都有很多选择，任何选择我的消费者必然是喜爱我们的人。如果他们不喜爱我们卖的东西，那么他们就不会是我的消费者。因此，我们根本没必要谈论‘消费者厌恶什么’——特别是那些选择我的消费者。”

在一个完美的乌托邦世界里，消费者的每一种需求都可以随时得到满足。这是一个非常简单易懂的逻辑：假设在一个即时交易的市场中，你制造了一款完美的薄荷牙膏，而你的潜在顾客正好想要薄荷牙膏，那么这个人就会购买你的完美产品。与此同时，如果顾客不想要薄荷牙膏，他们便不会购买。

这一基本逻辑完全基于理想的市场模型（ideal market-place），在这个模型中，每个消费者都可以在他们需要的时候立刻、准确地购买到想要的东西。这一模型又称为**无摩擦商业**（frictionless commerce），即一个与交易有关的所有成本和限制都不存在的理论上的交易环境。

在理想的市场中，顾客可以说：“我需要清洁我的地板，而我的吸尘器已经老旧不堪。我准备花500美元买一个新的具有所有全新功能的吸尘器。”在那一刻，完美的吸尘器会出现在他的柜子里，500美元也会立即从他的银行账户中消失。噗！这一切将在瞬间发生。

如果你的公司不能完成这个订单，那么这个人便会直接从其他供应商那里购买。

这是一个很好的场景案例，但它并不能反映复杂的现实世界。就像在“帕斯塔花园”发生的故事一样，消费者很多时候必须选择一个不那么厌恶的方案。在开车寻找吃饭的地方时，顾客放弃了相比之下更厌恶的前四家餐馆，而选择了相对不那么厌恶的“帕斯塔花园”。所以知道你的消费者厌恶什么，避免在服务他们时发生这样的事，是非常必要的。

没有任何一家公司是完美的，消费者亦是如此。我们生活在一个追求完美的世界里，但却从未达到过。我们总是比我们希望达到的目标差一点。就像在“帕斯塔花园”发生的一样，老板或许尽其所能地提升产品的质量，但总会有不足之处。在每一笔交易中，总是有一些摩擦：人会犯错，机器会发生故障，突发的天气情况会使快递延迟……各种各样的原因都会导致一个原本运作良好的系统出现缺陷。

消费者体验的第一定律是这样的：**你的顾客总是在退而求其次**。不必泄气，因为“完美的首选”本就是理想市场中的理

## 《商业场景：未来商业的进化方法论》

**彻底讲透现代商业规则**
**建立决胜未来的五大底层支柱**

吴晨 著

ISBN: 9787559664273
定 价: 68.00元
前沿　商业

旧的成功经验无法解决涌现出来的新问题。未来的商业世界拥有一个立体、多维的“场景”，所有人都只有走进去，并且看清楚，才谈得上做出可靠的判断和正确的决策。《经济学人·商论》执行总编辑吴晨10年长考的总结性作品。

## 《母爱毋伤》

**没有界限的爱**
**会变成一种伤害**

[美]布兰达·史蒂芬斯 著
郭典典 译

ISBN: 9787559664563
定 价: 58.00元
亲子　心理学

如果跨越界限，爱也会造成伤害。越是面对重要的亲密关系，我们越容易成为情感的俘虏，并在不知不觉中将伤害传递给下一代。本书借助真实的案例和科学的指导，帮助我们辨识有毒的亲密关系，积极展开有效的心理疗愈，让改变从理解开始。

## 《寂静与逍遥》

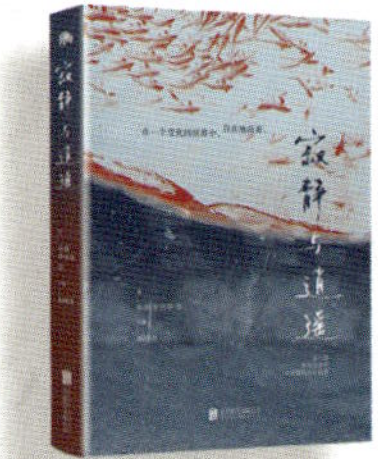


**10个关于中国人的生命故事**
**10则关于时代与灵魂的寓言**

孙频 罗伟章 等著
杨晓升 主编

ISBN: 9787559665652
定 价: 68.00元
文学　小说

第八届鲁迅文学奖中短篇提名小说集。中国社会正在经历快速变革，中国人不仅享受到时代进步的好处，也真切感受到灵魂的拉扯。那些原本微弱的声音，那些真诚的、充满内在矛盾的生命，最终以一种舒展的姿态在故事里得以呈现。

## 《DK职场基本能力手册》

**风靡全球的职场能力锻造宝典**
**全面升级你的职场表现**

英国DK公司 编著
靳婷婷 译

ISBN: 9787559664815
定 价: 168.00元
畅销　职场

全新修订版

享誉全球的出版商DK，深耕数十年的职场系列图书“Essential Managers”，首次成套引进中国。聚焦6大职场关键能力，目标实践、全彩图文、清晰易懂，帮助所有致力于提升职场竞争力、稳定职场表现、实现职场进阶的人士。

## 《好评：不被讨厌的营销制胜法》

**占领市场之前**
**先占领消费者的心智**

[美]尼古拉斯·韦伯 著
胡钰 庄万里 译

ISBN: 9787559667670
定 价: 68.00元
商业　营销

在激烈的商业竞争中，“好评”的重要性毋庸置疑。消费者体验大师尼古拉斯·韦伯带你颠覆认知——很多时候消费者给出好评，不是因为你做对了什么，而是你没有犯让人讨厌的错误。本书提供了一整套切实有用的实践工具，帮你全面升级消费者体验。

## 《可信任的治理：以数字政府推进国家治理能力现代化》

**从可靠到可信**
**以数字政府创造更好未来**

陈志刚 著

ISBN：9787559665041
定 价：68.00 元
畅销　科技

推进数字政府建设，是推动国家治理体系和治理能力现代化的重大举措，是迎接数字化时代大潮必然要求。数字政府将塑造怎样的未来？如何让数字政府可信、可靠？如何通过数字治理实现让人民满意的政府服务？本书回答了这些重要问题。

想设想。没有消费者可以拥有完美，正因为不能拥有完美，他们才不断寻找次好的东西。

由于被剥夺了理想的解决方案，在寻找他们可以得到的东西的过程中，消费者会从两个不同的角度来看待一个公司或产品：

1. 我对这家公司的“喜爱”有多深？作为产品的销售者，你的目标是使这些好感最大化。这正是我的畅销书《极致用户体验》（*What Customers Crave*）的主题。

2. 我对这家公司的“厌恶”有多深？作为产品的销售者，你的目标是尽量减少这些不好的感觉。这是本书的主题。

上述问题及其答案具有同等的重要性。正如我们在“帕斯塔花园”故事中所看到的，你的潜在顾客将在这两个问题间来回摇摆。如果天平倾向“喜爱”，那么恭喜你，至少在短期内你能够拥有或保留你的顾客。但如果天平倾向“厌恶”，那么对不起，你将失去顾客和销售机会。

那些接受这一现状的企业领导者会比否认者领先一步，但这还不足以让他们走出现实的困境。

问题在于，领导者们倾向于狭隘地看待顾客们的“厌恶”。他们认为：“好吧，毕竟我们生活在一个不完美的世界里，顾客也必须在有缺陷的选项中做出选择。显然，只要我们的产品是优质的，顾客就会喜爱并选择我们的产品，我们的产品将为它自己说话，推销它自己。”

为了支持这一观点，他们会说："顾客的口碑才是最好的广告。如果产品很出色，那么顾客就会相互转告，一切都会变得很好。"

然而，这种幼稚的观点完全忽略了消费者体验。

## 我为何厌恶你？让我数一数……

让我们深入了解顾客对你的公司产生"厌恶"的多种原因。

### 你的产品或服务

正如我们所知，我们生活在一个不完美的世界。这种不完美也体现在你的产品或服务中。

我承认，如果你销售的是沙子和砾石这种一万年都没有变化的商品，你或许可以声称你的产品无法改进，因此也是完美的。但这只是个例而已。

产品和服务是为了帮助消费者解决某个困难，或者以某种方式改变他们的生活条件而设计的。产品之所以不可能是完美的，有以下两个原因。

1. 我们生活在一个有缺陷的世界。我们用来制造产品的材料和工艺是有局限的。产品的制造会时常出现错误，设计上也会出现缺陷。这种情况可能出现在非常高端的领域，例如波音737 MAX客机发生了两次坠机，共造成346人死亡（分别是狮子航空JT610航班和埃塞俄比亚航空ET302航班）。此后，该机型从2019年3月至2020年12月遭到全球范围内的停飞。造成事故的问题包括抗失速系统的设计缺陷和飞行员培训的不足。20个月的停飞所造成的罚款、赔偿和法律费用使波音公司直接损失约200亿美元，导致1200个订单取消，间接损失超600亿美元。此外，这件事也破坏了该公司的声誉，需要波音尽力去补救。

产品缺陷也可能发生在日常层面，例如2008—2009年花生产品中爆发的沙门氏菌问题，导致9人死亡，数百人患病。源头被追溯到美国花生公司（Peanut Corp. of America），它是佐治亚州一家不起眼的私营花生加工厂，却为数百个食品品牌供货。随着召回消息的发出，警惕的消费者避开了所有品牌的花生酱，使整个行业的销售额下降了25%。花生公司也宣布停业破产。佐治亚州花生委员会当时估计，这场灾难导致美国的花生生产商在销售和生产停摆上损失了10亿美元。

2. 产品会过时。在这本书中，我将大量谈论创新，以及创新是如何被不断加速的问题。今年大张旗鼓推出的产品，第二年可能就过时了。当你的消费者看到你的竞争对手推出了更好的产品时，他们便会厌恶自己目前拥有的由你推出的产品。

技术的过时也是影响价格曲线的因素。以电动汽车为例，其运动部件比燃油车少得多，导致它价格变化的因素一直是电池。要不然，相比燃油车，电动汽车会是一个简单很多的机器。

电动汽车的价格取决于其电池生产的每千瓦时能量的成本。目前，这个价格正在持续下降。根据能源研究机构彭博新能源财经（BloombergNEF）的一份报告，到2023年，市场平均价格应该是每千瓦时101美元，接近专家们预期的电动车成本与同类汽油车价格相当的水平。如果此时美国联邦税收和州税收的减免政策仍在施行，则电动车的价格很可能会比燃油车便宜。

自从特斯拉在2008年推出锂离子电池驱动的特斯拉跑车（Tesla Roadster）以来，电池的价格一直在下降。2020年，全球电池的平均价格达到了每千瓦时137美元的新低，相较于2010年每千瓦时1100美元下降了89%。[1]

这意味着，许多对价格敏感的消费者将等到电动车的价格和燃油车差不多的时候再选择购买前者。但在2020年购买了电动汽车的消费者，可能会在几年后看到同一款车以更低的价格出售时感到沮丧。

幸运的是，在“喜爱”与“厌恶”的天平两端，2020年的电动汽车购买者往往是热情的“早期尝鲜者”，他们热爱新技术，并且知道他们需要支付溢价才能体验它。

## 你的消费者体验

每一笔销售交易都涉及一个过程，我将在接下来的篇幅中更深入地讨论这个问题。有时，这个过程简短到几乎是敷衍了事，而在另外一些时候，这个过程可能会很长。在B2B的环境中，这个过程甚至需要几个月的时间。对于普通消费者来说，如房屋或商业地产这样的重大支出项目，其交易过程也可能会很漫长。但无论时间长短或复杂程度如何，消费者总是希望在选择、购买和使用产品的过程中顺顺利利，并获得较好的体验。

消费者体验可以根据5个连续的“接触点”绘制出来，我将在接下来的篇幅中更深入地讨论这些接触点。我想说的是，在每一个接触点，你都有机会让你的顾客感到惊奇和愉悦，让他们爱上你。你也有同样的机会让他们失望，打消他们的购买欲望，甚至让他们厌恶你。每个接触点都有可能成为消费者的“喜爱点”或“厌恶点”。

而决定结果的人是你。

有些人会说：“你太夸张了。顾客不会对每件小事都那么敏感。他们想要一个产品，所以去商店买，或者网购。他们经历了这个过程，得到了想要的东西。其中没有什么戏剧性的成分。”

作为回应，我会说：“你的利润率是多少？3%？5%？你可以接受牺牲多少利润让你输给一个比你在各方面都更积极地创造消费者体验的竞争对手？”

以世界上最大和最常见的零售商沃尔玛为例。截至2021年1月，沃尔玛在全球拥有超过1.1万家门店，营收超过5590亿美元，你或许认为这家公司会放松下来，自然而然地发展。但根据Macrotrends.net的数据，截至2021年1月，沃尔玛的净利润率只有较低的2.42%。2018年还曾经跌至最低的1.01%。而纽约大学一份关于美国利润率的报告显示，不同行业的平均净利润率为7.71%。根据一般经验，5%是低利润率，10%是健康的利润率，20%是高利润率。[2]

21世纪，沃尔玛学会了应该如何面对和回击一个强悍的竞争对手——亚马逊（Amazon.com）。面对第二大零售商不断增长的规模，沃尔玛加强了自身网店（Walmart.com）的线上业务。此举似乎是为了回应亚马逊在2019年8月启动的准降价策略——沃尔玛要求一些给沃尔玛网店供货的第三方卖家降价，并对此进行补贴。虽然第三方供应商为沃尔玛网站提供了许多商品，但更多的线上库存却是沃尔玛自有的。沃尔玛用利润的下降换来了销量的增加。

沃尔玛盈利的关键是其低成本生产。它拥有超过1.1万个网点，能够从供应商那里要到最低的价格。它还可以更分散地分配固定成本，使沃尔玛能够提供比大多数竞争对手更低的价格。

沃尔玛的持续成功归功于它始终坚持山姆·沃尔顿（Sam Walton）1962年开第一家店时定下的一个简单目标——“省得多，过得更好”。这个目标是让人通过在沃尔玛购物省钱，从而过上更好的生活。人们可以用省下来的钱买其他东西，或者带上全家去趟迪士尼乐园。这些差别可能看起来不起眼，但却很重要。

沃尔玛的店内购物体验有什么令人厌恶的地方吗？当然有。许多人讨厌沃尔玛商店是因为感觉购物的自己就像是一只实验室的老鼠，在一个巨大的迷宫里找路。不过，其他数以百万计的顾客并不会被沃尔玛大型商场的低租金和工业风格所困扰。他们把简陋的商品陈列看作是自己正在省钱的证明，他们还将前往沃尔玛视为一种社交活动——他们可以在那里约会，和友好的沃尔玛导购闲聊。山姆·沃尔顿掌握着一个秘密：哪怕你的店铺是一个又大又丑的金属盒子，你也可以通过消费者服务来进行弥补。他曾经说："公司只有一个老板，那就是消费者。他可以开除一家公司里从上到下的任何一个人，只要他把钱花在别的地方。"

## 公司的声誉

无论购物的时间多么短暂，顾客都想要享受购物体验。他们既想要感到自己做出了最好的选择，也同样希望对消费场所（对象）感到愉悦。当你想要建立"喜爱点"，最小化"厌恶点"时，交易中这两个因素已经变得越来越重要了。

顾客倾向于认同自己所使用的品牌。他们很清楚，每当自己为一家公司贡献1美元，这1美元就会被用来支持该公司及其各项活动。在当今具有社会意识的文化中，许多消费者对他们所购产品公司的"背景故事"非常感兴趣。他们会问："公司的劳工政策是什么？他们是在哪里进行生产制造的？这家公司是否有社会责任感？产品的生产和获取方式是可持续的吗？"

以户外用品公司巴塔哥尼亚（Patagonia）为例。作为一家具有社会责任感的公司，他们已经实施了一系列具有前瞻性的举措。他们建立了完善的环境和动物福利责任项目，来指导材料和产品的生产，并且承诺将1%的销售额用于保护和恢复自然环境等。此外，他们的产品质量也很高。因此，巴塔哥尼亚的顾客对该品牌爱多恨少。

我们很难确定什么会让消费者“喜爱”还是“厌恶”——接下来我们会讨论这一点。有时候，你认为某个问题会引起消费者的负面感受，但他们的反应却只是耸耸肩而已。

以零售巨头亚马逊为例。作为一家消费品供应商，该公司一直努力实现理想的、无摩擦的市场环境。想要订购一件商品，你需要进入它的网站，从大约3.5亿件商品中选择你想要的商品，然后点击几下鼠标。而在亚马逊的区域物流中心，机器人和员工会“挑选”出你的商品，打包、贴上标签，然后运送出去。很多情况下，在当天，你就可以拿到它。

听起来很不错，不是吗？但情况可没那么简单。虽然亚马逊有数百万喜爱其服务的消费者，但也有很多人批评它，尤其是在该公司对待员工的方式上。2019年，作家艾米丽·冈德尔斯伯格（Emily Guendelsberger）在印第安纳州的亚马逊物流中心（即仓库）找了份工作。她写道：“我的身体花了两周时间才适应了每天走24公里和做数百个深蹲的工作强度。但当我在体力上逐渐适应后，为了跟上机器人的生产效率而所要承受的精神压力却成了一个更大的问题。”她的故事和许多亚马逊员工所讲的差不多。事实上，对效率的不懈追求甚至包括她用来完成工作的扫描枪。这个设备兼做她的个人数字管理器，精确监控和计时她的每项工作任务。每当她完成一项任务时，扫描枪不仅会立即给她一项新的任务，还会开始倒数所剩的时间。艾米丽说，扫描枪的各种侵扰制造了“一种不断来袭的轻度恐慌”，而工作时那种纯粹的无聊感——用她的话说：“感觉自己快疯了。你想想，如果一个人月复一月地经历这些会怎么样？”[3]

尽管许多消费者对作为公司的亚马逊持负面看法，但这家零售商仍在不断增长。截至2020年12月31日的第四季度，也就是新型冠状病毒流行最严重的时候，亚马逊报告的净销售额是1255.6亿美元，比2019年同一季度的874.4亿美元增长了43.6%。与2019年同期相比，当年第四季度，该公司增加了17.5万名员工，物流配送网络面积增加了50%。[4]

那些想买东西的人之所以接受亚马逊，是因为亚马逊提供了无缝衔接的购物体验。亚马逊能够记住你是谁，以及你曾经买过的东西，这会让你非常容易找到自己想要的产品，并且只需点击几下鼠标，就能快速完成付款。亚马逊之所以被消费者接受，是因为在消费者体验中任何可能引起厌恶的部分都已经被去掉了，大多数人会问自己：“如果我需要买个东西，我是应该开车去商店买——但愿店里有货——还是应该花上一分钟的时间，在亚马逊上点击几下，等明天让人送上门？”

说很少有人喜爱亚马逊并不过分，毕竟，它确实没什么值得被喜爱的。它的购物体验是枯燥的、一板一眼的。人们在亚马逊上购物是因为它没什么好被厌恶的。亚马逊的优势在于，它是所有可行的选择中最不让人反感的。

## 行动起来！

对现在的你来说，最重要的行动就是大声重复下面的箴言："消费者对我们公司、品牌或服务的评价，不仅在于他们所喜爱的，也在于他们所讨厌的。我们要谨记这一点，在未来努力增加他们所爱的，发现并减少他们所讨厌的。这便是公司前途之所系。"

02

# 接触点 1

## 预接触

我们生活在一个由两类人组成的世界里：一类是销售产品和服务的人，另一类是顾客。当他们互动时，就产生了交易。交易越发达，世界就越美好。

交易并不是凭空而来的。在某些情况下，交易可以在没有外部刺激的情况下发生，比如购买水和市政的下水管道服务。但绝大多数交易需要买卖双方的意愿，以及相应的努力和互动。

消费者从某个时间点起才对你的公司或产品有所了解，之前一无所知。他们可能很小就了解到你的公司，但也可能年纪很大了才知道。当然，如果你的公司刚刚成立，那么大多数潜在消费者都不知道你的产品。如果在1996年，你问消费者是否听说过一家名为“亚马逊”的网上书店，绝大多数人会回答：“嗯？没有。”

随着时间的推移，消费者找到了相应的公司和产品去消费。有时顾客只会购买一次，便再也不会买了，有时他们非常喜爱该产品，便会一直购买下去。

这样就形成了消费者的消费周期或过程。消费者接触品牌的过程由一系列步骤构成，我将其分为5个阶段或接触点（一些分析师设定了几十个接触点，这似乎有点过头了）。在每个接触点上，消费者和公司之间会发生一种或多种互动。这些互动可能是短暂的，也可能是长期的，但每一种都很重要。在每一个接触点上，公司都有机会让顾客对品牌产生“喜爱”或“厌恶”的感觉。

这5个接触点（可能会持续很多年）的消费者体验总和，就是净消费者体验。在一个给定的有“喜爱”或“厌恶”偏好的人群中，通过这5个接触点，我们就可以分析出消费者“喜爱”或“厌恶”的都是什么。

“厌恶值”通过4个级别的负面体验来衡量：不太好、较差、厌恶和非常厌恶。

“喜爱值”通过4个级别的积极体验来衡量：不喜欢、还行、喜爱和非常喜爱。

净消费者体验代表了消费者体验的净总和，即从“喜爱分数”中减去“厌恶分数”而得到的一个数。这个分数非常有用，因为它清楚地描述了消费者在特定接触点上喜爱和不喜爱什么。这提供了一些可付诸行动的见解，企业可以利用它快速解决消费者诟病的问题，从而显著提高他们的净消费者体验得分。

在本章和接下来的四章中，我将揭示并讨论这5个接触点，以及它们与净消费者体验总分相关的风险和机遇。

接触点1是预接触阶段（the pre-touch stage）。

在这个阶段，潜在消费者（还不是消费者）对你的品牌有了认识。虽然这可能在非数字化的情况下发生，但如今它更有可能发生在互联网上。它可能发生在潜在消费者生命中的任何时刻，可能是小时候当你爬上妈妈的丰田小货车的时候，或者看迪士尼电影，叫达美乐比萨外卖的时候。品牌意识可以在消费者很小的时候就形成，为消费者提供产品的公司非常喜欢这样。在生活中，消费者越早建立对一个品牌的忠诚就越好。迪士尼在这方面做得很出色。该公司希望所有美国孩子都知道电影《冰雪奇缘》（*Frozen*）的主题曲《随它吧》（*Let It Go*），每个戴着耳机听歌的家长都可以证明迪士尼做得非常成功。

随着年龄的增长，我们开始为自己买东西。我们通过广告、口口相传和自己的探索来发现新产品和新品牌。

预接触可以是线下的。如果你有一家实体店，当潜在消费者开车经过时它会是什么样子？当他们停下车，走过去，推开门的时候呢？他们会遇见微笑还是冷漠？还记得前面讲的“5家餐厅”的故事吗？除了“帕斯塔花园”，5家餐厅里有4家没有通过预接触测试，因为“帕斯塔花园”是最不坏的选择。

你的潜在消费者也可以先进行线上预接触，在线了解你的情况。他们会跟你聊天，在Yelp（译者注：Yelp是美国著名商户点评网站，创立于2004年，囊括各地餐馆、购物中心、酒店、旅游等领域的商户。用户可以在Yelp网站上给商户打分、提交评论、交流购物体验等）、亚马逊、其他网站上寻找关于你的评论；他们会浏览各种网站了解相关情况。在他们真正与你的公司接触之前，他们会先了解你的线上声誉。

在一个时间段内，可能会存在许多的预接触。例如，在广告的世界里，长期以来人们都认为一个广告需要七次曝光才能使消费者留意到广告的信息。这是一个平均值。有些广告，比如著名的苹果电视广告“1984”，在同年的“超级碗”期间一经播出就产生了巨大的影响。其他的广告，像廉价啤酒和汽车保险等典型的商品广告，则必须不断播放，以保持品牌印象始终留在消费者的脑海中。

预接触阶段是消费者体验的开始。更简单点说，这是潜在消费者决定是否会对你持积极态度的阶段。别忘了他们始终期待高匹配、高价值和精准的无摩擦购物体验。不要低估这个接触点，不然就是自寻失败。随着时间的推移，它只会变得越来越重要。

## 销售漏斗

营销人员喜欢将销售过程比作漏斗或管道。在我的书《创新指令》（*The Innovation Mandate*）中讨论创新时，我也使用了同样的比喻。基本上，销售漏斗（sales funnel）的开口非常大。它为任何可能成为消费者的人提供了一个切入点。进入漏斗之前的环节就是预接触。他们在市场上产生了对产品或品牌的认识，但还没有到销售互动的环节。很难给这些过程下定义，因为完全有可能（实际上很有可能），潜在消费者在没有成为正式的用户之前，就已经跟产品进行了互动。

情景一：

你的朋友拿出她的手机给你看。“很好，”你说，“什么牌子的？”朋友告诉你这是最新的三星手机。“我喜欢。”你回答道。你刚刚对产品有了预接触，这一次，你感觉不到厌恶，只有喜爱。三星赢得一分！

情景二：

你朋友的房子在暴风雨中受损了。第二天你去见她时，问她情况怎么样。她说：“屋顶需要修理，我正联系保险公司呢。他们告诉我理赔员下星期才能来，我该怎么办？拿垃圾桶堵住这些洞吗？ABC保险公司，我快被他们气死了！”

情景三：

今天是你的生日，妈妈送给你一条新牛仔裤。“别担心大小——换尺码是很容易的。”你的妈妈说。果然，牛仔裤太小了。你可以打电话给XYZ零售商询问如何换货。消费者服务代表告诉你需要提供收据，还要去32公里外的商场，你需要做这个做那个，如果他们没有你的尺寸，你可以获得商店积分……所以现在，即使你不是，而且从未想过要成为他们的消费者，你还是被他们缠住了。你被迫进入销售漏斗的首个接触阶段——我将在下一章讨论这个问题。你心里十分反感，然后把牛仔裤送给最近的捐赠点。XYZ零售商获得了一次严重的差评。

正如你所看到的，在你的销售漏斗入口之外的广阔世界中，你的品牌形象就可能遭遇到很多不同的情况！

而一旦人们选择进入漏斗的开放入口，就会被认为是潜在消费者。我将在下一个接触点讨论如何与他们互动。

接下来我要说明几个在消费者尚未进入销售漏斗的预接触阶段可能出现的问题。

## 潜在消费者听到了关于这个品牌的负面评价

这种情况非常普遍，在社交媒体时代更是如此。潜在消费者可以看到Twitter（推特）或Facebook（脸书）上的负面评价，通过阅读或在电视上看到负面新闻，或被朋友告知他们就某产品或公司得到的负面体验。

越来越多的公司创建和使用他们自己的社交媒体账户，他们在上面发布信息和其他营销内容，并与消费者互动，从而增加了做错事的概率。

举一个非常滑稽的例子。

在2020年的情人节，马萨诸塞湾交通管理局（Massachusetts Bay Transit Authority，MBTA），也就是波士顿的公交和地铁系统，发起了一项比赛，要求Twitter用户发布一段60秒的视频，讲述他们为何喜欢马萨诸塞湾交通系统。参加比赛的人有机会赢得一张捷蓝航空（JetBlue）的双人往返机票。

我提醒你注意，当时甚至有一些讽刺性的歌曲是写给这个波士顿年久失修但收费高昂的公共交通系统的。比如，1959年金斯顿三重唱（Kingston Trio）的热门作品《大都会运输署的查理》（*Charlie on the MTA*）讲述了一个名叫查理的人被困在波士顿地铁里的荒诞故事。可以说在波士顿，每个人都讨厌MBTA。于是这场比赛引来了各种大快人心的嘲讽，MBTA的乘客们发明了各种各样的讽刺理由来解释他们为什么“喜欢”MBTA，比如在车站里被老鼠追赶，厕所被反锁，以及一下雪火车就脱轨。

MBTA曾经拥有着大多数公司都没有的优势：它是一个垄断性的公共服务机构。不管听到什么样的恐怖故事，坐地铁上班的人都没有其他选择。即便他们讨厌地铁，对MBTA也没有什么影响。MBTA可以不断地累积“厌恶”分数，然后耸耸肩。然而，Uber（优步）和Lyft（来福车）的出现打破了这个局面，给地铁乘客提供了一个可以负担的选择。肯塔基大学研究人员2019年的一份报告显示，包括Uber和Lyft在内的交通网络公司（transportation network companies，TNCs）的引入对地铁和公交车的客流量产生了影响。他们的研究结果表明，在一家交通网络公司进入一个市场后，每年的重轨客流量会下降1.3%，公共汽车客流量会下降1.7%。据《商业内幕》（*Business Insider*）报道，鉴于网约车的巨大影响，如果这一趋势持续下去，城市公交客流量可能在8年时间里下降近13%。[1]

## 厌恶会引发更多的厌恶

在数字时代，预接触阶段主要指的是人们通过互联网了解产品、服务或品牌的过程。当潜在消费者搜索你的企业、产品或服务时，他们会在社交媒体网站上找到你的企业评分。消费者评分是非常有影响力的，因为它代表了一个消费者群体对企业的具体看法。

我在研究中发现，如果一家公司在Yelp上的评价从五星下降到三星，便可能会导致高达70%的收入损失。这意味着无论评价是否正确，消费者都会跟随大众——他们讨厌别人讨厌的公司。如果企业没有处理好差评，这种疏忽可能会让你付出生意上的代价。

这再次让我确认了这个信条的重要性：**发现消费者讨厌什么，然后立即将其从消费者体验中剔除出去**。

享受服务的消费者发布积极评价的可能性，远低于不满的消费者发布负面评价的可能性。简单来说，这意味着你的厌恶者对公众舆论有着更大的影响力，而这仅仅是因为他们更加愿意发声。

与消费者评分同等重要的是你自己的员工在诸如Glassdoor（译者注：Glassdoor是美国的一家做企业点评与职位搜索的职场社区。在Glassdoor上可匿名点评公司，包括其工资待遇、职场环境、面试问题等信息）这样的网站上所发布的评分。不仅你的消费者会看到这些评分，而且想来应聘的求职者也会看到。正如我将在下面讨论的，公司的成功与员工的参与度、生产力和积极心态直接相关。

据网络招聘服务平台Recruiterbox报道，咨询服务公司Software Advice在一项调查中发现，48%的求职者在找工作时使用过Glassdoor。1/3的求职者表示，一家公司至少需要获得三星评级，他们才会发出申请。Indeed招聘网的一项调查发现，83%的求职者可能会根据公司评价来决定去哪里求职，46%的人会在接受一份工作之前认真考虑该公司的声誉。求职门户网站Bayt.com的一项调查发现，76%的专业人士在考虑工作机会之前会在网上对公司进行搜索。[2]

朋友，如果你的员工讨厌你的公司，那么麻烦才刚刚开始！

## 搜索摩擦

如果你想要成为市场和消费者体验方面的佼佼者，就需要让消费者随时可以接触到你。这意味着，你必须对搜索引擎营销（search engine marketing）、搜索引擎优化（search engine optimization）、全渠道营销（omni-channel marketing）有全盘的考虑。消费者希望快速而轻松地找到你，如果他们找不到，就会对你产生不满。这可能看起来和消费者体验毫无关系，但其实是有关的。无法找到你或者你的公司就是一种摩擦，而消费者并不喜欢这一点。如果你有这个问题，那么你的评分里就多了一个差评。

## 登录页面

你必须将数字化策略嵌入消费者体验策略当中，只有这样，消费者的预接触体验才会面面俱到，不会引起反感。

在为消费者开发舒适而清晰的消费路径时，你需要将网站设计成一系列高度相关的登录页面。我在医疗保健行业工作多年，包括为矫形外科医生提供服务。该应用领域包括手术干预，如膝关节置换术、髋关节置换术和肩关节置换术等。如果一个正在寻找膝关节置换手术的人登录了一家矫形外科机构的主页，却不能很快找到他想要的手术介绍页面，他肯定会生气地离开。

厌恶又增加了。

在广告中，你应该始终突出那些和需求或问题痛点相关的特定关键词。如果消费者搜索“膝关节置换手术”，他们会看到你的谷歌广告或其他数字广告，它们应该能把消费者带到膝关节置换术介绍的页面——页面的内容必须始终符合消费者的“搜索意图”。这是一种营销策略吗？是的。但这也是如何在预接触阶段提供无摩擦、高效、高匹配度互动的重要一步。设计好你的网站，让每一个服务或产品功能都有自己的微页面，提供精准的匹配度，这样就不会引起消费者的不满。此外，这么做也将大大降低消费者的“跳出率”——由于不愿意进行冗长的检索而退出你的网站。

在消费者综合体验策略中，你应与数字团队合作，使消费者体验策略与全渠道营销策略保持一致。

这条规则也有助于排除那些注定不会喜欢你的消费者。还记得“妈妈家常菜”吗？如果这家餐厅实际上是骑行爱好者最喜欢的去处，那么就应该在餐厅网站上突出这个特点，放一些停车场里停满了改装的哈雷摩托车、开心的骑手坐在餐厅里用餐等照片，这样做既能赢得车手和其他冒险爱好者等核心消费者更多的喜爱，同时也为其他人提供了“真实的广告”。当实际产品与营销信息中的不一致，或者不符合他们的预期，消费者尤其会心生反感。

## 没有价值的展示

简单来说，你的数字化能力无非是对价值的分配。网站的建设方式应该是为你的访问者提供真实和有意义的价值。绝大多数的企业基本上只是把他们的宣传册放网上，就称其为一个网站了。我之前的一个消费者是家专业的服务公司，他们网站上80%的内容都关于自己有多棒。而对于访问者来说，阅读这些内容几乎没有任何价值，很快就让人感到乏味。

这是一个很常见的问题。绝大多数的专科网站往往都变成了医生的个人宣传。消费者当然想知道你的专业所在，但他们更感兴趣的是你如何传递价值。看看那些为消费者提供最佳体验的网站，你会发现他们提供的是免费的电子书、白皮书、有价值的视频，以及对网站访问者明显有价值的免费服务。

记住，消费者是完全以自我为中心的，而且这也是合理的。他们想知道的只有一件事：“**这对我有什么好处？**”（编者注：原句为“What's in it for me？”作者将其用缩略语WIIFM表示。）这句话就是铁律。消费者总是有需求，或者有问题需要解决。他们想通过接收的信息了解到你理解了他们的问题，并且能够提供解决方案。空洞的吹嘘无法代替真正的价值。

我发现很多企业都需要按下“重置”键来提升自己网站的简易性以及所提供的价值。我们可以参考杰出的在线保险公司Lemonade.com。它有一个非常简单的网站，可以让你在90秒内拿到一份保单，可以让你在差不多的时间内提出索赔，并获得赔偿。如果你正在选择保险公司，那么只要通过浏览他们的网站，你就知道他们肯定是很好的选择对象。

所以，深挖你的宣传资料，分配有价值的内容，并开始赢得消费者们的喜爱吧！

## 你可能会讨厌我们——但你会喜欢我们的吉祥物！

说到保险公司，想想大型汽车保险公司的困境：政府员工保险公司（GEICO）、前进保险公司（Progressive）、利宝互助保险公司（Liberty Mutual）、好事达保险公司（Allstate）和农夫保险公司（Farmers）。消费者讨厌所有的汽车保险公司，这一点你是知道的。这是因为除非你住在新罕布什尔州或弗吉尼亚州，否则州政府会强迫每个市民购买汽车保险。而如果你从来没有发生过事故，你只会不停地掏钱，却得不到任何好处。

不过你可能会惊讶地发现：大型汽车保险公司其实已经意识到消费者讨厌他们了。不过他们并未对此感到绝望，而是投下百万美元到滑稽搞笑的电视广告中。很多时候，这些广告已经变成了60秒的小品喜剧，每一条都和你在《周六夜现场》（*Saturday Night Live*）中看到的一样精彩。1999年GEICO最先开始这样做。在美国演员工会罢工导致演员紧缺的时候，该公司创造了一只“GEICO壁虎”，用它那高亢的英国腔恳求那些把“壁虎”（编者注：英文为gecko）和“GEICO”混为一谈的人不要再对它进行电话骚扰。“GEICO壁虎”播出后一炮而红，相较于那些无聊到让人反感和换台的汽车保险广告，观众边笑边看完了“GEICO壁虎”的广告。直到今天，每家保险公司都拥有了自己的搞笑代言人。其中最成功的或许是由身穿白色护士装的弗罗拉（Flo）领衔的前进保险人，以及她那一群笨手笨脚的小跟班。利宝互助保险公司则推出了一个呆萌组合：一个叫Doug的人类和他的伙伴——一只叫LiMu Emu的鸸鸟。农夫保险公司请好莱坞演员J.K.西蒙斯（J.K. Simmons）向人们展示了各式各样的离奇车祸。州立农业保险公司（State Farm）则给我们呈现了一个倒霉的呼叫中心接线员杰克（Jack），身穿标志性的卡其布裤子和红色衬衫，在夜班时和消费者的种种对话。

这是一种非常明智的策略。这些公司对消费者说：“嘿，我们知道你讨厌购买汽车保险，你可能也讨厌我们，但法律要求你从我们中的一家购买产品。我们都一样——汽车保险是一种必需品。那么不妨让它变得有趣起来。也许，只是也许，你会爱上我们一点点！”

## 行动起来！

从市场声誉的角度考虑，你可能会认为“没有消息就是好消息”。换句话说，除非有消费者直接投诉，否则你的市场声誉一定是好的。不幸的是，这种观点非常幼稚，并且会让你付出沉重的代价。消费者可能在与你产生任何直接接触之前，早就对你的公司、品牌或服务有了看法。在这些预接触发生的时候，他们可能会从第三方获悉一些信息，对你有了强烈的负面印象。为了你的品牌着想，你应该持续关注社交媒体和其他通信方式中人们对贵公司的评价。另外，要确保员工对公司的满意度，以使他们不会成为负面评价的源头。

03

# 接触点 2

## 首次接触

俗话说“第一印象，持续一生”，商业中的首次接触也是如此。首次接触为消费者认识你的产品、品牌或服务奠定了基调。糟糕的首次接触，很难在以后实施补救。相反，如果消费者在首次接触中留下良好的印象，那么进一步提升消费者对你的喜爱程度就很容易了。

消费者在预接触阶段就会审视你，但基本上不会有互动。他们只是在电视上看广告，或者路过你的店面，透过橱窗往里瞅一眼；他们在朋友家看到了你的产品，或者在一本杂志上看到了关于你的企业的评论；他们可能访问了你的企业网站，但没点击任何东西，只是随便看看，然后离开。

首次接触是消费者和你进行的第一次实际接触。和其他接触点一样，首次接触的重点是为各种类型的消费者构建独特的体验。辨识不同的消费者，了解他们的所想，然后以与众不同的方式提供给他们。

首次接触经常会出现让消费者讨厌的情况。例如，一个咄咄逼人的汽车推销员，会让消费者退缩离开；一家让人填写30页表格，还要等上一个小时的诊所；一家只有一名前台员工的酒店，排队的却有30个人……

我可以实打实地举出上百个例子，以此来说明糟糕的首次接触是如何毁掉一家企业的。那么，为什么还会出现这样的状况呢？这是因为，公司的高管和领导者都忙着花钱获客，并且寻找重复刺激现有消费者的新方法，而对于自己公司在首次接触中的糟糕表现毫无感知。

其实，杜绝消费者厌恶可以大幅增加收入，推动消费者促销，提升品牌价值，并为可上升的增长和盈利空间铺平了道路。

减少厌恶的第一步是**了解你的消费者**。虽然关于消费者的人口学统计数据确实呈指数级增长，但对于商业而言，最重要的不是消费者的年龄或种族，而是他们与贵公司和员工的互动期望。人们做出购买决定，不仅基于对市场的理性评估，还同样基于情感联系，以及企业对待他们的方式。虽然每位消费者都是独一无二的个体，但他们也分属于不同的类型。

下面让我们了解一下消费者类型，以及你应该如何相应地调整与他们打交道的方式。

在开始之前，你需要了解一个极其重要的事实：所有关于“婴儿潮一代”（Baby Boomers）、“千禧一代”（Millennials）、“X一代”（Gen X-ers）具备不同消费预期的说法统统都是胡说八道。这种年龄分类法是行不通的，如果你试图按照这个逻辑行事，肯定会让许多潜在消费者心生不满，最后丢掉生意。一个人的个性在年轻时就已经决定了，不会随着经历生命的各个阶段而改变。一个25岁的大学生可能和她80岁的祖母拥有同样的消费预期，却与她的同学不同。

此外，在竞争激烈的市场中，想要提供一种适合所有人的消费者体验是最不可取的。每家公司都服务于一个细分市场，而每个细分市场中都有不同类型的消费者——他们对产品和服务的预期基于个人的好恶。

举个例子：每天早上，我和几个同社区的邻居一起跑步。我们都是男性，年龄也差不多，拥有全职工作，经济条件也很富裕。从人口学特征来看，我们属于同一类人，但其实我们很不一样。有人是政治保守派，有人是自由派；有人是虔诚的教徒，有人是无神论者。尽管我们在某个市场维度上是同样的，但作为消费者，我们有着完全不同的预期——不一定是对某个特定的产品，而有可能是对产品销售的过程和接触环节有着不同的预期。既然我们的消费者体验基于我们个人的好恶，那么我们的消费者服务体验也会是不同的。

但如果操作得当，我们就可以通过5个接触点，为不同类型的消费者提供适当的、愉悦的消费者体验。

## 4种消费者类型

下面是4种消费者类型，每个类型都有自己的消费期待。他们是掌控型消费者（Driver）、分析型消费者（Analytical）、友好型消费者（Amiable）和协作型消费者（Collaborator）。每个类型的年龄、种族和性别都是不同的。如果你是销售，你需要快速识别你要面对的是哪种类型的消费者，然后迅速拿出对应他们个性的服务。当然这并不意味着不真诚或虚伪。你的目标是让消费者感到舒适，满足他们的期待。

如果你在设计一个网站，那么你需要确保网站的架构适合所有类型的消费者，以便每个消费者都能找到他们想要的东西。

### #1：掌控型消费者

掌控型消费者是目标导向的决策者。无论是实体店还是网店，当这类顾客进入你的商店时，他心里都知道自己想要什么。如果他看到了自己想要的东西，便会当场购买。这类消费者想要的是尽可能顺滑的消费体验。

• 掌控型消费者不喜欢什么

和他们聊天。浪费他们的时间。提供不清晰的信息。想方设法掏空他们的钱包。引导他们购买你想卖但他们不想买的产品。说“要和主管商量一下”而让他们等待。

如果掌控型消费者穿着随意，或者与你是不同种族，那么请在接待他们的时候表现得谦逊客气。不然，身穿牛仔裤和运动衫并且手握大权的CEO（首席执行官）会因为看见你表现得像个势利小人而心生厌恶。

在你的网站上，让他们跟随引导来购买产品。在他们结账时添加隐藏费用。最后请他们完成一份消费者满意度调查。

• 如何赢得掌控型消费者的喜爱

微笑。对你所提供的东西要坦率和自信，不要拐弯抹角。要反应迅速、有礼貌，但不要自来熟。专注于眼前的业务。了解你的产品和它的优势。不要说得太多——要让他们主导谈话。这类消费者希望寻找一个高效并且了解情况的服务者，你需要达到这个期望。

他们可能会问到产品的特点或好处，而这主要是在试探你是否足够了解自己的产品。你的回答应该简短并实事求是。

不错，有些掌控型消费者是不好应付的吹毛求疵者（随便问一个在好莱坞销售奢华汽车的人，他们都能讲出几个那些不可一世的明星的恐怖故事）。如果你的消费者想要得到皇室般的待遇，只要不会损失什么，那就这样招待他们吧。

不过，要谨防“骗子”。有些在你店里看起来像是掌控型消费者的人，其实只是想在自己天真的女朋友面前炫耀一番，而根本没想买东西。遇到这种情况，不妨给他些压力，直到他找个借口说“过会儿再来”。

## #2：分析型消费者

这类消费者希望知道产品或服务的详细信息。你要实事求是地介绍产品，提供真实具体的数据，消费者也会问你问题。他们一般都会做足功课，在购买之前仔细考虑每一种可能性。这类消费者和掌控型消费者一样，不喜欢和店员闲聊，不喜欢离题。针对每种选择，他们都要问一遍，以确保最后做出正确的决定。

他们可能还想了解公司的情况、产品来源和生产过程。越来越多的人开始关注企业是否在承担社会责任，所以也要对此做好准备。

• 分析型消费者不喜欢什么

回答问题时敷衍顾客。你表现得不耐烦。你对自己销售的产品缺乏全面了解。表现倨傲。让顾客感觉你在强买强卖。

在浏览你的网站时，找不到想购买的产品和公司信息。

• 如何赢得分析型消费者的喜爱

非常了解你的产品，并且殷勤热情；分析型消费者希望找到所购产品领域的专家，所以你要成为这样的人；准确地回答他们关心的问题；如果他们要核实你说的话，不必在意，因为只有这样他们才会放心；最重要的，要有耐心！

确保你网站上展示的公司和产品信息准确无误，而且要让顾客容易找到。

## #3：友好型消费者

这个类型的顾客和掌控型顾客截然相反，他们希望和你做朋友。对他们来说，最重要的是你能理解他们为什么需要这样的产品或服务。他们有强烈的归属集体以及和集体产生联系的诉求。他们不只是买东西、做交易，还想把你纳入他们的朋友圈。他们非常忠诚，朋友都是从事各行各业的人，比如医生、律师、工程师等。他们在生活中有各种需求，然后在解决这些需求时结交了这些人。他们并不认为信任认识不久的人会有什么风险，也很少远离集体。他们是可靠的、“顺其自然”的消费者，他们希望自己身边的人都过上好日子。

此外，如果对你和你的产品有好的印象，他们会选择发布到社交媒体上。他们是最好的品牌大使。

• 友好型消费者不喜欢什么

粗鲁无礼。你对他们的肢体接触表示厌恶。缺乏耐心，并且强行推销。表现出很忙没空的样子，没兴趣听他们聊聊自己的身体状况或者抱怨天气和堵车。

你的网站上只提供很少的产品信息，没有展示顾客满意的照片和他们的五星好评。

• 如何赢得友好型消费者的喜爱

让他们的购物体验愉悦而放松。接待友好型消费者时，要像邀请他们来家里做客一样，让他们感到自己的特殊，而且受到欢迎。通常情况下，友好型消费者期待与你的互动是成功的（他们是乐观的人），所以在某种意义上，还要兼顾卖东西对你来说是一种损失。不要让他们离题太远，温柔地提醒：你是来帮他们选购的。

在你的网站上提供大量的消费者好评。友好型消费者希望知道为他们服务的是一个好公司。

请注意：少数友好型消费者并不想买任何东西——他们只是感到孤独，想找人聊天而已。那就让他们来主导谈话，等他们讲累了，也就离开了。

### #4：协作型消费者

协作型消费者只有在达成共识的情况下才会做出决定。他们会把朋友或家人带到店里，帮助他们进行挑选。协作型消费者通常愿意听取别人的意见，所以为他们服务是比较愉快的。但不好的是，他们很少在第一次光顾时就做出决定，为了与陪同的人达成共识，他们会来店里几次。在他们决定买什么之前，需要先询问伴侣或父母的意见。在B2B的交易中，他们需要团队成员的推动才会做决定，因此会拖延交易。

• 协作型消费者不喜欢什么

催他们快点做决定，说些类似“这是个限时折扣”的话。不能提供他们想要的凭证、说明书之类的东西。忽视他们带来的同伴或同事，或者表现失礼。在B2B的交易中，没有及时跟进配套信息，没有把需要给予个别关注的团队成员纳入商讨当中。

• 如何赢得协作型消费者的喜爱

要有耐心。塞给他们各式各样的资料，好让他们和同伴一起研究。在他们隔了几天后再次光顾的时候，表现出你还记得他们，并且积极回答他的朋友或伴侣问到的问题。

确保你的耐心，并推进他们和伙伴进行的各种讨论，确保所有人的问题都得到了解答，疑虑也都被打消了。有时他们带来的同伴不太懂行，而且会劝顾客不要买，此时对他们一定要非常有耐心。就像政治人物一样，多握手，多微笑！

## 强行推销、不推销、软性推销

大家都知道《金发女孩和三只熊》的故事：金发女孩闯进三只熊的家里，因为太饿就走进厨房。桌上是三只熊的粥碗。金发女孩尝了第一碗粥，不行，它太烫了；第二碗又太凉了；

第三碗则刚刚好，她很喜欢，很开心。

在销售漏斗中，首次接触是你的潜在消费者和公司的第一次互动，更准确地说，是和公司销售环节的第一次互动。通过营销，你已经成功吸引到了潜在消费者，他们现在主动出击，来到商店或进入网站，开始寻找他们真正想要的产品和服务。

你的销售体系必须如同那第三碗粥一样：不太热，也不太冷，而是恰到好处。

我说的“太热”是指“强行推销”（hard sell）。一些“销售专家”这样解释“强行推销”：销售人员对潜在消费者使用适当的心理技巧，就能说服潜在消费者购买产品。如果顾客没有购买，那么销售人员就失败了。“强行推销”通过各种形式的诱惑和隐晦的威胁，让潜在消费者觉得他们除了把信用卡交给销售人员，别无他选。

“强行推销”的问题在于，在销售人员把产品营销出去后，顾客会意识到，他们并不真正想要或喜欢这个产品。他们会选择退货，或取消信用卡交易。美国的消费者保护法要求销售商无条件接受退回的产品。最后，公司只能得到一笔退款的要求和一个愤怒的顾客。

我说的“太冷”是指销售人员没有做任何事情来向消费者推销他们想要的东西。想想你是否有过下面的经历：走进一家商场，找到了想买的东西，却需要自己去找店员结账；向客服求助，却发现客服没有经过培训，对产品也不了解。举个例子，

2003年美国电路城（Circuit City）公司犯了一个典型的错误，当时该公司在削减成本的过程中，裁掉了训练有素的销售队伍。仅在一天之内，该公司就解雇了3900名高薪的销售人员，并计划用2100名时薪员工取代他们。这个做法不仅严重打击了员工的积极性和生产力，而且顾客的问题也得不到解答。2007年，电路城公司又解雇了三千四百多名富有经验的销售人员。这家公司基本上是在告诉老顾客："我不在乎你们，尽管讨厌我们吧，在下个季度到来之前，我在乎的是让股东保持满意。"

这个决定是一次重大的败笔。2008年11月10日，电路城公司申请破产保护，不久就被彻底清算了。在申请破产保护时，电路城公司在全美有567家门店，约3.4万名员工，这些人都失业了。

软性推销和硬性推销不一样，这种方式会让顾客感到服务的体贴周到。销售人员随时准备以良好的态度为顾客服务，并且对产品足够了解，而且还可以根据不同的消费者类型，提供适合的服务。我们应该让购物体验成为乐趣，不要显得歇斯底里或咄咄逼人，要诚恳、诚实地描述产品的功能和价值。如果你要卖的是一辆只在周日被老人偶尔开开的车，请如实说明。如果你要卖的是辆老旧的车，也如实告诉顾客。售价则根据车况来定。

诚信和透明是赢得好印象、让企业基业长青的关键。

## 行动起来！

首次接触非常关键，因为这是潜在消费者有机会根据实际的互动对公司进行判断的阶段。你的员工一定要接受培训，学会识别和应对4种主要的消费者类型（掌控型消费者、分析型消费者、友好型消费者和协作型消费者），学会和他们互动。每种类型都包含各种年龄段、种族、性别的消费者。直接和用户打交道的销售人员要能快速识别他们是哪种类型的顾客，并即时提供适合顾客的服务。

04

# 接触点 3

## 核心接触

销售漏斗的目标是在预接触阶段吸引尽可能多的潜在消费者，使他们进入漏斗进行首次接触。在这个阶段，他们第一次和某一公司进行互动，接触产品、体验服务。他们可以浏览网站，进入商店，或打电话。在每一个接触环节（尤其是在B2B的商业模式中，或在人们主要的消费领域，如购买新车），你的公司都有很多机会让消费者喜爱或者厌恶。我们生活在一个不完美的世界里，所以做到完全不让消费者厌恶是不可能的。这种情况只会发生在一个完美的、无摩擦的市场中，但这个市场并不存在，因此只能是一个目标。你的工作实际上是在减少厌恶的同时尽可能多地让消费者喜爱。

核心接触（the core touch stage）指的是消费者已经决定要购买产品或服务，准备付钱或者签署合同的时刻。紧随其后的就是产品交付。

## 令人崩溃的结账长队

对于实体店的老板来说，核心接触环节提供了许多让消费者喜爱或厌恶的机会。虽然网购已经严重打击了实体店的经营（某些情况下彻底毁掉了实体店，比如书店），但许多消费者仍然喜欢实体店的购物体验。据MediaPost报道，高科技营销公司Synqera在2013年的一项研究中发现，超过2/3的美国人仍然希望在传统的实体店里购物。尽管如此，Synqera发现在实体店的购物体验同样会招致抱怨：对于73%的消费者来说，结账这件事最让他们头疼，足以让他们中的许多人打消去实体店购物的想法，转向网络购物。[1]

大多数消费者表示，排队结账是他们在店内购物时最不喜欢的环节。下面是最常见的一些抱怨以及改善建议。

- **队伍前面遇到“龟速”结账的人**

由于人们越来越习惯网购时点几下鼠标就能下单，所以在实体店结账时排在一位行动缓慢的顾客身后很容易激起人们不耐烦的情绪，甚至感到恼火。如果这时候这个人还想用纸质支票付账，站在柜台前小心翼翼填写着支票，排在他身后的人的烦躁感就会更强烈。遇到这种情况，商店能做什么呢？不要吝啬人手——确保商店有足够的收银员来应对正常的客流量，确保你的结算系统及时更新不出现故障。此外，现在许多超市都设有自助结账区，让顾客自行结算。

- **遇到“龟速”工作的收银员**

顾客走到收银台前，却发现招待他们的收银员正在换收银机胶带，或者处理一些别的事务。另外，有些收银员的问题就是活力不足，行动缓慢。这些问题的解决办法就是培训！要明白，你的竞争对手不仅仅是附近的超市或零售店，还有亚马逊和沃尔玛的网购平台，它们提供的结账服务几乎是零拖延的。

- **隐形的员工**

在商店里，你有个问题想要问，于是四处张望寻找销售助理，却一个人都没看到。你越找越感到挫败，最后可能会选择直接离开。

同网店相比，实体店最大的优势是能够让消费者直观地感受到服务。当顾客走进商店时，他们不想看到商店里空荡荡的，而是希望看到工作人员可以随时为他们提供帮助。他们既不想被销售人员忽视，也不希望被人强行推销。销售人员应该留意顾客，保证时刻做出回应，准备好提供他们所需要的各类服务。要注意的是，有些顾客想要节省时间；有些顾客则愿意逗留片刻，聊聊天；有的人对产品会提出很多问题；还有的人只是想要咨询信息，回到家后和家人商量。通过为每个人提供他们想要的服务，你就可以让消费者对你少一分厌恶，多一分喜爱。

- **结账就像玩“轮盘赌”**

在超市和其他大型商店结账时，顾客绝对不喜欢花时间和精力去琢磨排在哪个队伍后面结账会快一些。所有人都有过这种经历，本以为选择了一条走得很快的队，结果没想到你前面的顾客却慢得像一只乌龟。你眼睁睁地看着那些排在后面的顾客纷纷改排其他队，心中的不满一分一秒地增加。其实想要解决这个问题很容易，就像银行和机场那样，只需要让所有人排成一队，然后把排到的顾客安排到多个结算窗口中的一个，这样所有人排队的时间就都是一样的了。记住，无论你是做产品零售还是提供服务，你的消费者都希望你可以高效并且公平地对待他们。

没错，相信你已经在上述情景中看到了一个共同点：实体店里90%让人讨厌的体验都可以通过训练有素和积极有为的员工转化为喜欢。人类是社会性动物，我们喜欢与他人的积极互动。回头再说说沃尔玛，这家人人都有理由讨厌的公司，仍然年复一年地取得成功。1962年，在沃尔玛创立之初，山姆·沃尔顿便立下了他的“十英尺规则”（ten-foot rule）。他说：“我庄严承诺，对于我十英尺（约3米）范围内的每一位顾客，我都会微笑地看着他们的眼睛，问候他们，询问我是否可以帮助他们。”

做到这一点并不容易，因为雇用员工是要花钱的。目前，沃尔玛有230万名员工（编者注：原书为220万名，但根据2021年财富中文网报道，当年沃尔玛的员工数量是230万人），是世界上第三大雇主。对于零售商来说，找到一种节省劳动力成本或者减少岗位的方法是大好事，但千万别忘了，消费者不希望走进一个看不到任何服务人员的大盒子。

## 对酒店心生不满的顾客

我举一个小例子来说明以“厌恶”为关注焦点的消费者洞察法的非凡价值。我曾经服务过一个豪华酒店集团。他们此前调查发现，顾客对酒店房间价格表示不满。因此，酒店管理者认为他们定价太高了，就降低了房间的基价。几个月后，他们又做了一次调查，但令酒店管理者惊讶的是，顾客还是说价格太高了。酒店管理者认为：“这太疯狂了！相比其他豪华酒店的价格，我们已经很低了！”

于是，我们决定进行一次“厌恶分析”，看看消费者**具体讨厌的是什么**。令人惊讶的是，我们发现顾客并不关心总价。问题出在账单的呈现方式上。

顾客入住这家酒店时，服务员说：“您的房间每晚322美元。”

“好的，没问题。”

“另加15美元的代客泊车费。”

“好吧。”

“再加30美元的度假村设施费。”

“30美元的度假村设施费？那究竟是什么东西？酒店位于市中心，离度假村远着呢！”

“还要加上50美元的清洁费。”

“等等，怎么回事？真是没想到！你的意思是我只有花钱才能请你们打扫房间？”

他们为什么要这么做？我猜是希望在广告上展示一个更低的价格，而总收入则分文不少！但是他们忽视了一点，这不是一家服务精打细算的游客的汽车旅馆，而是一家专门服务有钱人的旅馆。富人最讨厌的就是“锱铢必较”。他们最不愿意做的事情就是弄清楚账单上琐碎的收款项。

从他们所讨厌的东西，我们可以轻松推断出他们想要的是什么：顺畅地开始奢华体验，免去那些为了打扫房间费用的问题与前台工作人员所进行的交谈。

我建议酒店提供一个总价，包括他们所谓的“度假村设施费”“代客泊车费”“房间清洁费”，把它们全部加到基价上，算出新价格。这就是广告上的价格，也是顾客预期要支付的价格。顾客不再需要通过检查账单去了解每1美元都花在了什么地方。他们根本不关心。

酒店明智地采纳了我的建议。他们提高了广告上标注的价格，简化了酒店入住登记和收费的流程。果然，再也没有人抱怨价格了，每个人都很满意。

这家酒店学到了宝贵的一课：不要打扰有钱的客人。但总是会有酒店依然如此行事。有多少次当你住进每晚收费300美元的豪华酒店，却在房间里看到一瓶矿泉水上贴着10美元的价签？他们为什么不把这个计人房价呢？这么做只会给消费者造成双重烦恼。因为他们完全可以下楼，沿着街区走到最近的7-Eleven便利店，花3美元买到同样的一瓶水。为了多挣点儿钱，在各种小地方算计消费者，是很不明智的做法。

真正的问题是，我们很擅长在新项目上挖掘潜在利润，比如度假村设施费和要价过高的矿泉水。但是，我们却看不见惹恼消费者的影响，他们会转身寻找那些能够提供更显著价值的颠覆性创新者。

## 最让人厌恶的事情：欺骗你的消费者

人类的本性倾向于彼此信任。这话听起来很天真，但却是事实。如果人类不能携手合作，我们就不会在几千年的时间里发展到今天的水平。要做到这一点，我们须建立起对他人最基本的信任。

任何价值交换都需要信任。我需要知道你想卖给我的东西，正如你口中所说的那样，不是假的，也不是有缺陷的，更不是有毒的。我追求诚实和公平，如果发现自己被骗了，那么厌恶感会迅速积累起来。

我们能够对消费者做出的最恶劣的事情就是撒谎，无论是对产品本身还是对价格。从豪华酒店的故事中我们看到，顾客并没有被总价激怒。如果店员说："您的房间每晚417美元，包括所有费用。"他们会毫无怨言地把信用卡交出来。但下面这种情况会让他们感到特别厌恶：房间的广告价格是322美元——比顾客实际要付的少了将近100美元——柜台前的顾客却突然发现酒店为了达成盈利目标，要自己支付额外的费用。

## 诱导转向法

"诱导转向法"（bait and switch）是指商店做广告时会标出某产品的价格，然后当顾客来找该产品时，商店会说："对不起，那种产品已经卖完了，但我们还有另一种，只是稍微贵一点。"今天，法律已经禁止这种明目张胆的谎言。"诱导转向法"受到了美国普通法欺诈、不正当得利行为，以及可能违反商业合同的限制。甚至可能违反《消费者欺诈和欺骗性商业行为法案》（*the Consumer Fraud and Deceptive Business Practices Act*）。

康奈尔大学法学院（Cornell Law School）指出，"诱导转向法"不仅仅适用于购买有形产品，还可以延伸到更多类型的交易，比如服务合同。举一个典型的例子。

- 卖方提出他们将指派具有特定素质的雇员或员工来履行服务内容。

• 买方根据上述信息的表述来评估合同内容。

• 可以预见到，或者存在可能性，上述提案中的雇员和员工无法履行合同内容。

• 由非合同指定的雇员或员工履行合同的服务。[2]

比如你委托了一家律师事务所来处理你的案子，他们答应会由一位高级合伙人来接手——结果你发现和你会面的是一位初级律师。你的厌恶感由此增加了！

## 侵入性的数据挖掘

我的一个朋友去了一家汽车经销店，想试驾他们的新款SUV。那只是一个普通的汽车展厅，而不是像法拉利或宾利那样的奢华超级跑车经销商——在那里试驾一辆售价50万美元的汽车需要特别谨慎。

面对汽车经销商的时候，除非他们碰巧认识一个可以喊出名字的销售人员，否则顾客一般无法选择销售人员。销售人员轮流上阵接待新来的消费者。迈克接待了弗雷德。弗雷德告诉他，自己想试开一辆SUV。弗雷德觉得办手续最多10分钟，迈克顶多也就很合理地管他要一份驾照复印件，然后他就能上路试驾了。

然而，真实情况是迈克让弗雷德坐到了销售人员使用的小桌子前，然后在他面前摆了一张长长的表格。“把这张表填好后，我们就可以出发了。”他说。

“这是什么？”弗雷德问。

“哦，只是一些我们需要获知的信息。”

弗雷德浏览了一下表格：姓名、地址、得知经销商的渠道、收入、是否拥有其他汽车、拥有什么类型的信用卡……

“对不起，”弗雷德说，“这张表看起来像是要申请汽车贷款。我还远没有走到这一步呢！我还在比较各种车型，现在只是想试驾一辆SUV。”

“实在抱歉，但我们还是需要你填一下表格。”迈克说。

“你们经理在吗？”弗雷德问道。他心里的厌恶就像秋天的落叶一样，正不断堆积起来。

“呃……在，我去找他。”迈克回答。在消失了几分钟后，他和经理比尔一起回来了。比尔瞥了一眼表格，咧嘴笑着说：“哦，我们算得上是邻居啊，我住的地方离你只有几分钟路程。”

“我需要为了到街上试驾一下而填写这张烦人的表格吗？”弗雷德问。

“哦，这是公司要求的。”比尔有点不好意思地回答。他转向迈克说：“我想我们可以破个例。没问题吧？”

迈克耸耸肩说：“当然可以。”

那件事使弗雷德感到不快。很明显，迈克是一个新人，他认为需要遵守公司的规定。比尔随后放弃了这个规定，违背了公司的利益。如果这个规定很重要，为什么仅仅因为顾客住在同一个街区就把它搁置一边呢？弗雷德禁不住想：谁知道比尔的朋友们在经销商那里还能得到什么特殊优待呢？

弗雷德对经销商为某种不为人知的目的公然收集他的个人资料感到生气。最后，他从另一个经销商那里买了另外一辆SUV。

数据挖掘已经成为一个全球性的巨大产业。这是全球个人数据市场的一部分，指的是关于消费者的数字信息，可分为四类。

- 互动数据：包括消费者如何与企业网站、电子邮件、移动应用程序、付费广告、社交媒体页面和客户服务互动的信息。
- 个人数据：包括地址、年龄、性别、社会保险号码等信息，以及非个人身份信息，如IP地址、网络浏览器cookies和手机、笔记本电脑的设备ID。根据来源，还可能包括由第三方（如医疗保健提供商）出售或共享的个人医疗和财务数据。
- 态度数据：包括挑选商品的标准、消费者满意度、对产品的好恶倾向等指标。
- 行为数据：包括交易细节，比如购买历史记录、产品使用信息（如重复购买某一产品的间隔时间）和一些定性数据（如鼠标移动的轨迹）等。

公司使用各种各样的方法来获取、收集和处理不同来源的消费者数据，包括人口统计数据到行为数据等各种类型。消费者数据可以通过三种方式收集：直接询问消费者，就像汽车经销商要求弗雷德填写表格；间接跟踪消费者；将其他来源的消费者数据添加到公司的数据里。向第三方出售个人信息和其他数据的行为已经司空见惯了。这些信息一旦被捕获，就会在巨大的数据市场上进行定期交易。

这些活动大部分都在幕后进行，在消费者的视线之外。不要让你的消费者认为他为此而遭到冒犯，否则你会得到更多的厌恶！

## 23andMe+葛兰素史克=厌恶

2018年，DNA分析公司23andMe宣布接受大型制药公司葛兰素史克（GlaxoSmithKline，GSK）3亿美元的投资。作为回报，这家制药商获得了23andMe的消费者数据，用于“药物靶点”。也就是说，该公司可以从这些数据中分析出消费者可能发生的疾病，然后针对这些疾病研发新药。对于业内人士来说，这笔交易并不意外。在过去三年半的时间里，23andMe一直把经消费者同意而采集到的数据分享给GSK，另外至少还有6家制药和生物技术公司也与23andMe有这样的合作。从一开始，23andMe的商业计划就包括了在科学服务中提供获取的消费者信息。自2006年成立以来，该公司已经收集了数百万份人体唾液样本数据——每个样本检测的费用高达199美元，并为用户提供他们的基因分析报告。

但23andMe的许多消费者仍然对此感到惊讶和愤怒，因为当他们在冗长而密密麻麻的同意书上签字时，其实并不知道该公司会怎样使用这些自己交出去的个人数据。顾客的厌恶和愤怒可能已经影响到了该公司的收益。2020年2月，肯德拉·T（Kendra T）为哈佛商学院撰文称，由于基因检测试剂盒销售量下降，23andMe在一个月前裁掉了14%的员工——在新冠大流行之前，该公司已经有了这样的裁员力度。23andMe首席执行官安妮·沃西基（Anne Wojcicki）表示，顾客担心隐私泄露可能是导致企业业绩下滑的原因之一。她认为，由于媒体还曝出了Facebook和其他技术公司未经用户同意，便分享他们的个人数据，因此消费者对企业间共享基因数据也感到了焦虑。

23andMe销售量下降的原因并不像安妮·沃西基分析的那么简单。真正的原因是，由于该公司在数据共享方面的不透明操作，让客户认为这会使他们的个人基因信息处于风险之中。

23andMe的用户知情同意书中写道："公司会'使用和分享匿名的消费者数据'，以用于研究和科学研发。"在23andMe与葛兰素史克公司正式合作之前，消费者并不清楚他们的数据会被这样的制药公司购买。这件事被报道出来后，许多消费者不再愿意把自己的基因数据分享给23andMe。因为尽管消费者愿意以客观的科学研究为目的去分享信息，但他们不喜欢23andMe将他们的数据分享给一家营利性的公司。[3]

我的建议是，不要对你的顾客含糊其词或扭曲事实。他们迟早会发现，而企业也会为此付出高昂的代价。

## 行动起来！

整个销售过程在核心接触完成。资金转账，公司的任务就完成了。

在这个环节，很多事情都可能出错，以至于一个原本会购买你的产品或服务的消费者，会因为不愉快的体验而放弃购买。要明白，即使顾客买了你的东西，也并不意味着他或她是百分之百喜欢你提供的公司、品牌或服务。要特别注意合同或执行条款中可能引发厌恶的“细则”部分。确保你的销售人员受过良好的培训，并注重让消费者感到愉快。

如果合适的话，请他们对消费者进行一次快速的Real-Ratings调查，找出消费者对交易讨厌和喜欢之处。

05

# 接触点 4

## 后续接触

一些公司认为，一旦他们拿到了顾客的钱，游戏就结束了。其余的事情——特别是订单的履行——只是尽量要少花力气完成的例行公事。

但也有一些公司在整个服务过程中，都一直努力赢得顾客的好感，尽量避免让顾客产生不满。他们明白，在每一个接触环节都应该提供优质的服务，即使在消费者付款之后，也是如此。这样做主要有以下两个原因。

### 1. 你需要“品牌大使”

有的企业在营销和广告上花费数百万美元，以此换来良好的业绩。但也有企业通过现有顾客对自己的好评，吸引到大量的潜在消费者，从而只花很少的钱便能得到同样的甚至更好的结果。

“品牌大使”是那些对公司感到满意的老消费者和现在的消费者，他们不仅仅只是被动地开心，更愿意主动表达他们的感受。

“品牌大使”会向朋友推销自己心仪的东西。有人买了车，会对他的朋友说，“我新买了一辆别克。做工讲究，开起来感觉特别好”；一个只穿耐克鞋打篮球的孩子肯定会向朋友推销耐克；一个喜欢美食的人会对朋友说，“你去辛辛那提的话，一定要去Skyline Chili餐厅”。他们对品牌评价很高，也希望他们的朋友、同事喜欢这些品牌。

他们建立了自己的品牌意识，并在消费者和他们的朋友中间建立起了信任。口耳相传如此有效，是因为人们每天都被各种广告推销的资讯轰炸，怎么可能留意到所有信息呢？他们已经学会了屏蔽干扰信息，忽略无关紧要的内容——包括你公司的广告。

但是，消费者终究要做出选择，为此他们需要可靠的产品和服务信息。没有什么比从自己的朋友那里获得信息更好的途径了。根据尼尔森（Nielsen）的数据，只有1/3的消费者表示他们信任传统广告。那么什么是他们更偏爱的产品信息获取渠道呢？92%的人更倾向于相信自己朋友圈里的人，而不是由品牌直接提供的资讯。排在第二位的是网上的用户评论，全球70%的消费者在接受网络调查时表示，他们信任线上的信息。[1]

这是有道理的。如果你想了解一个产品的质量和性能，询问该产品的用户，让他们给出客观评价，而不是依赖品牌本身的推广信息，这么做确实更合乎逻辑。

你的员工也可以成为品牌大使，在他们的同伴中间扩散对公司和产品的喜爱。如果员工感到为公司工作是一件令其自豪的事情，他们就会主动传播公司的核心理念、员工价值主张（EVP），以及他们自己的工作感受。正如行业媒体公司Influencer Marketing Hub所指出的，员工在社交媒体上很活跃，他们会谈论自己的工作经历。81%的千禧一代会分享自己公司的信息。[2]《创业家》（*Entrepreneur*）报道说，员工在社交媒体上分享的内容所获得的参与度是品牌自己在社交渠道中所分享内容的8倍还多，分享的频率超过25倍。而员工社交网络的转化率是其他信息渠道的7倍之多。[3]

在销售的前、中、后三个阶段，都要确保你的消费者有大量正面信息可以向别人分享。世界上没有比一个快乐的品牌大使更强大的市场推广工具了。

### 2. 你需要复购者

无疑，找到一个新的消费者比留存一个现有的消费者要消耗更高的成本。一切都是转化率和关联成本的问题。

转化率是不稳定的，而且因行业而异，大多数专家估算的平均转化率在1%到3%之间。这就是说，在100个与你的品牌有第一次接触的潜在消费者中，最终的付费消费者不会超过3个。同时意味着，你花钱试图吸引和转化的其他97个人，不会成为你的消费者。如果你当天花了100美元试图吸引100个潜在消费者，而只成功吸引了其中3个人，那么你的新消费者获客成本大约就是每个人33美元。

从另一个角度看，一个复购者——即再次购买你的产品——的转化率高达70%。如果消费者不止从你那里购买过一次商品，而是两次，那么这一比率可以提高到90%。

复购者有两种消费模式。

**1.重复购买同一种消费品。**以牙膏为例。你可能每个月都会买同一品牌的牙膏。比方说，你每个月都买一管新的高露洁牙膏，每次花费4美元；一年下来，你将花费48美元；10年下来，就是480美元。而高露洁公司每次吸引你购买的资金成本是多少？0美元。如果有100万个忠诚的复购者，那么省下的可不是什么小钱。

我认识一个每两年换一辆新凯迪拉克轿车的人。沃尔特把他的旧车卖掉，再花差不多5万美元的价格买一辆新车。车行的人都跟他很熟，对待他简直就像是对待国王那样，几乎就要在休息室为他建一个神龛了。

在很长的一段时间里，上述两家公司都从消费者的重复购买中获利，但他们**必须**确保不要让消费者感到厌恶，并尽量让消费者处处感到满意。他们需要保障产品的高质量，同时维持合理的价格。他们绝不能辜负消费者的期望，绝不能把消费者的惠顾视为理所应当。

还记得1982年至1988年期间出产的凯迪拉克西马龙（Cimarron）吗？这是一款低成本的破车，标志着凯迪拉克品牌的低谷。忠实的消费者陆续放弃了这个品牌。西马龙在汽车记者丹·尼尔（Dan Neil）2007年“有史以来最糟糕的汽车”的名单中榜上有名。他对这款车的点评如下：“通用汽车公司（GM）在20世纪80年代的一切错误、贪婪、懒惰和虚伪都在这款车型中得到了淋漓尽致的体现，它公然辱没了凯迪拉克的良好声誉，并羞辱了它的优质消费者。”[4]

此后，这家历史悠久的公司一蹶不振，直到1998年凯迪拉克推出了凯雷德（Escalade）。这款豪华的SUV身形巨大、动力十足，令人生畏，把驾驶者一直以来喜爱凯迪拉克品牌的所有理由都囊括了，并使该公司重新走上了成功之路。这件事对凯迪拉克以及其他任何一家公司的教训就是：永远不要忘记你的消费者为什么喜欢你；划定并宣誓你的领地，然后捍卫它；不要模仿，要创新。

**2. 购买你的新产品。**买高露洁牙膏的人很可能也会买高露洁的漱口水和牙刷。就像我那位每年都买一辆新凯迪拉克轿车的朋友，他对新的全电动凯迪拉克锐歌（Lyriq）也很感兴趣。

真见鬼！锐歌一上市的时候，这家公司就该给他送一辆！当然，他们可能不会做到这种程度，但经销商应该确保沃尔特是第一批被邀请试驾的人。

从事文艺工作的人，如书籍作者、电影制作人、视频游戏玩家和音乐家等，都敏锐地意识到复购者的力量。复购者能使他们成功，同样也能使他们失败。有多少音乐家发行了两三张畅销唱片，建立了坚实的复购粉丝群，然后在发行了几张烂唱片之后，看到他们的粉丝全都蒸发了？复购者并不能保证你能够持续获得喜爱，他们只代表你有机会继续得到他们的支持。

## 顾客将做出裁决

后续接触的时刻决定了你是否能留住消费者。换句话说，你的消费者将判断与你做生意的体验是否轻松美好。

如果你是一个无线通信运营商，与竞争对手相比，你计划怎样保持你的价值并减少与消费者之间的摩擦？

如果你开的是一家餐馆，你能否记住你的消费者并与他们互动？

如果你是一家汽车经销商，你的服务部门能否提供无摩擦和怡人的消费者体验？（这是个棘手的问题，绝大多数经销商的客服部门都无法赢得消费者的好感。90%的车主宁愿把他们在保修期内的汽车送到当地的修车店，也不愿去经销商那里修理。我有个朋友把他的经销商客服部门称为“撒旦之家”。这可太糟糕了。）

核心接触点是消费者体验最基本的部分。“让利益相关者和消费者满意”必须成为内在的企业文化，然后其他的各种配套措施便都会落到实处。

## 用意想不到的惊喜强化体验

后续接触环节常常被忽视，企业如果不能认真对待这个环节，会是一种遗憾。事实上，在这个环节你可以凭借超好的体验或意想不到的价值来惊艳消费者。

下面是几个非常棒的后续接触案例。

极可意（Jacuzzi）按摩浴缸公司最后送给你一个漂亮的礼品篮，里面是用来保养按摩浴缸的日化用品和工具。

汽车经销商把你的新车开到红地毯上，让你和爱车合影，并用于社交媒体的分享。他们还赠送你一个大牌的汽车养护包，里面装满了用来保养新车的东西。

在就诊几个小时后，医生打电话询问你的情况。

高档酒店在你办理退房后，为你提供豪华轿车机场送机服务。

儿科医生递给你一本她写的关于如何健康抚养婴儿的书，显示她很重视你。

如你所见，这些后续接触是非常令人难忘的，而且相应的支出并不高。消费者更有可能把商家推荐给别人，并且再次光顾。相比之下，消费者关系管理系统（CRM）和调查问卷就像纸上谈兵。让后续接触变得精彩，消费者会越来越喜欢你。

## 奖励你的长期消费者

我们回过头来再看一下获取新消费者的成本计算。我举过一个例子：花100美元转化100个潜在的消费者，结果只有3个人成了真正的消费者。这意味着实际上我们在每个成功转化的消费者身上花了大约33美元。幸运的是，我们的利润率允许我们使用一部分利润，哪怕是花33美元来获取一个新的消费者。理论上，只有新的消费者才能让我们维持业务。

但复购者能让我们赚取更多利润！正因为我们拥有忠诚的复购者，我们哪怕不花钱也可以得到他们的青睐。这些钱简直就像是白捡的一样！

但问题是：复购者不是傻子。他们知道商业系统是如何运作的，也希望得到商家的特殊待遇。他们希望因为自己的频繁光顾而得到一些优惠。

因此，我们不能在花33美元获得一个新消费者和花0美元维持一个复购者之间进行比较。不然，我们就把商业这件事想得太简单了。我们的公式应该调整为花33美元获得一个新消费者对比花20美元维持一个现有的消费者。如果我们花20美元能留住现有的消费者，那么仍然能节省13美元。

如何在现有的消费者身上花掉20美元呢？我们可以执行一

个奖励计划。有很多方法可以让我们回馈老顾客，以下是一些由电子商务公司Shopify提供的案例。

- 鞋类销售商Designer Shoe Warehouse（简称DSW）为消费者的每笔消费提供积分奖励。随着消费者消费的增加，他们可以解锁不同级别的奖励。他们的计划运行得很顺利，在线系统通过顾客的姓名、电话号码、付款信息来识别他们。
- 丝芙兰（Sephora）的Beauty Insider奖励计划拥有超过1700万名的忠实会员，他们每次购物都会根据传统的积分系统获得相应的奖励积分。这个计划的创新之处在于，会员可以选择如何使用他们的奖励积分，他们可以获得礼品卡，也可以把积分兑换成购物折扣。
- 同样，户外装备零售商乐斯菲斯（The North Face）有一个VIPeak计划。在这个计划中，忠诚度积分不仅可以兑换商品，还可以兑换特殊优惠，比如可以参加乐斯菲斯的活动，或者参与一些很特别的旅行体验，比如在尼泊尔的登山探险。
- 化妆品和护肤品零售商塔特（Tarte）利用他们的忠诚计划来激励用户生成内容并参与社交媒体的传播。顾客不仅可以通过购买产品获得积分，还可以通过与塔特的产品进行自拍、撰写在线评论和发布视频教程等方式获得积分，将消费者们转化为品牌大使。

• TOMS鞋业对顾客的每一次互动都给予积分奖励，连用电子邮箱注册都可以得到积分。当顾客积累了足够的积分后，他们可以通过常见的方式使用这些积分，也可以将这些积分用于公司支持的各种事业，如“买一捐一”鞋子捐赠活动（the One for One shoe donation），或者国际野生生物保护学会（the Wildlife Conservation Society）这样的共享项目。

• 航空公司的奖励计划已经施行多年。你乘坐航空公司的航班，根据机票上的花费或信用卡上的花费积累一定数量的里程，便可以获得航空里程积分或飞行常客里程。然后你可以用这些里程数来购买更多的机票。这些计划的效果非常好，以最大限度地利用飞行常客里程，人们会规划他们的航班，甚至他们的假期安排。

• 亚马逊的Prime计划，是所有忠诚计划中的王者。它为数百万件商品提供无限制的免费两天送货服务，以及亚马逊增加的其他福利，如流媒体服务和Prime Day促销活动，而消费者只需支付年费就可享受这些。Prime计划的效果非常好，其会员的平均消费额是亚马逊普通顾客的4倍。

所有这些计划都需要公司进行投资，但它们都以提高消费者的忠诚度和销售业绩为公司赚取更多的回报。

## 负面反馈的价值

最后——在后续接触环节，要找机会务实地、真诚地问问消费者：“您在我们这里的体验怎么样？”大多数企业都不会这样做，因为他们对这个问题不感兴趣；而对于那些想知道答案的企业，其中很多也从未听到过消费者的回答。

想知道这个问题的答案，有一个行之有效的提问方式：“我们如何才能提升您在我们这里的消费体验？”这个问题的措辞是让消费者意识到你在寻找问题所在，而且你确实也想知道真相。借此你可以发现是否有任何可以立即改善的缺点。我的许多客户都开发了专门来提出这个问题的系统，一旦出现了任何形式的负面意见，他们都希望有所知。

想象一下：当消费者走出你的店铺，你问他们：“您今天的消费体验如何啊？”

他们或许会回答，“非常好，谢谢你。”

你能从这样的回答中得到什么信息？事实上，非常少。回想一下不同类型的消费者——掌控型消费者、分析型消费者、友好型消费者、协作型消费者，以及他们各不相同的预期体验。如果有80位顾客光顾你的店铺，其中每一种类型都有20位，而每位顾客都告诉你他们的消费者体验很“完美”，这是绝不可能的。知道自己可以改进的地方，比听到一切都很完美要有用得多。

负面反馈是一种礼物，因为它是绩效和领导效能的关键驱动力。批评是有价值的，因为它使我们能够实事求是地评估自己的表现，并提醒我们需要做出的重要改变。对错误保持警惕并接受改进的建议，比得到积极的反馈和表扬更能提升我们的表现。

## 康卡斯特：从讨厌到喜欢

每个人都会犯错。公司是由人拥有并经营的，因而有时销售人员会做出一些令人不快的事情，或者经理做出一个愚蠢的、轻率的决定。这些都是不可避免的。客服人员很粗鲁，或者社交媒体经理会发布具有攻击性的推文。上述任何一种情况或其他过错，都可能让企业失去一个忠实的长期消费者，甚至失去整个消费者群体。

以有线电视巨头康卡斯特（Comcast）为例。多年来，它的消费者服务运作一直糟糕到极点。它被列为“美国最被人讨厌的品牌”之一。根据2015年《美国消费者满意度指数报告》（*American Customer Satisfaction Index*），康卡斯特在付费电视排名中位列倒数第三，在互联网服务提供商排名中位列倒数第三。这使它成为两个倒数排名中评级最差的公司之一。

在流行文化中，“the cable guy”的说法代表着糟糕的服务，它激发了好莱坞电影的创作灵感。由本·斯蒂勒（Ben Stiller）执导、金·凯瑞（Jim Carrey）和马修·布罗德里克（Matthew Broderick）主演的《王牌特派员》（*The Cable Guy*）于1996年上映，该片充分展现了大多数消费者对大型有线电视公司客服部门的厌恶，康卡斯特就是其中之一。

值得注意的是，2014年7月，康卡斯特糟糕的客服成了头条新闻，因为它的一个客服人员在电话中与一个消费者纠缠了大约18分钟，客服人员要求消费者告诉他为什么他们家要选择另一个有线电视供应商。不巧，这位消费者正是瘾科技（Engadget）的创始人之一瑞安·布洛克（Ryan Block），当时他和他的妻子正在搬家，打电话给康卡斯特要求注销账户。而当通话变得不愉快时，布洛克开始录音。

在被“审讯”了几分钟后，布洛克说：“这通电话正好能说明为什么我不想让康卡斯特继续为我服务。所以，能不能请你注销我们的账号？”

在电话中，客服无意中揭示了问题的根源，他对布洛克说：“我的工作就是劝你继续接受我们的服务，并找出是什么原因让你想要注销服务。”更准确地说，这位客服代表的工作就是霸凌消费者，并让消费者续费。

令康卡斯特懊恼的是，布洛克有8万名Twitter粉丝。他发布的这段录音在互联网上疯狂传播。据Soundcloud的统计，截至2014年9月，该录音已经被收听了五百多万次。[5]

让我们想想这个数字，一个糟糕的客服电话被现有和潜在消费者听到了五百多万次。

事情发生后，康卡斯特的一位女发言人就此事向ABC新闻做了说明："我们对员工与布洛克先生之间的谈话感到非常尴尬，我们正在与他联系并表示道歉。客服与他沟通的方式是不能接受的，更不符合我们对客服员工的培训要求。"[6]

事实是，这可能正是他们培训客服人员的方式。

6个月后，华盛顿州斯波坎市一个传教企业的志愿者莉萨·布朗（Lisa Brown）经历了类似的事情，并火遍全网。2015年2月，在家庭遇到经济困难后，布朗试图取消她在康卡斯特的有线电视服务。布朗没能实现自己的愿望，而是被转接到一名"续订专家"那里，后者则试图劝说她签署一份新的两年期的合同。

布朗最终取消了她的服务，但她在自己最后一期账单上注意到一个令人震惊的变化：她丈夫的名字由"里卡多·布朗"变成了"浑蛋·布朗"！这次侮辱事件浮出水面后，康卡斯特被迫作出回应。网站Elliott.org对这一事件进行了调查，康卡斯特公司负责华盛顿地区公关工作的副总裁史蒂夫·基普（Steve Kipp）告诉他们："我们已经与消费者进行了沟通，也为这种行为道歉。给消费者改名是不对的，这是完全不能接受的。我们对这种不尊重消费者的行为持零容忍态度，而且正在进行彻底的调查，以便确定到底发生了什么事情。"[7]

类似的故事还有很多，这些事件使康卡斯特成为消费者评价最差的公司之一。

然而后来，奇迹发生了：康卡斯特彻底扭转了口碑。

公司采取的一个重要举措是设立了一个新岗位。2014年9月，康卡斯特宣布任命查利·赫林（Charlie Herrin）担任消费者体验高级副总裁（CXO），即消费者首席体验官。为缓解消费者对康卡斯特的敌视，他被赋予了很大的权力，管理超过50个呼叫中心、数万名客服员工和技术人员。

这里可以引用一下康卡斯特负责消费者服务的执行副总裁汤姆·卡林沙克（Tom Karinshak）在2017年11月对《福布斯》的迈卡·所罗门（Micah Solomon）所说的话："我们很清楚，我们需要做得更好，我们需要变得更好。我们需要为消费者重新设计全新的体验，而不仅仅是修补我们现有的体验。为了从根本上创造更好的消费者和员工体验，我们审视了从文化、培训、系统、流程、技术到工具的一切内容。要想成功，**一切都要从我们的员工开始**。"他补充道，"我们正在用一种由内而外的方法，即从员工的体验做起。就像刚才说的，如果没有一个好的员工体验，你就不可能有一个好的消费者体验。"[8]

康卡斯特还引入了问责机制。公司知道消费者讨厌三小时上门服务时间，时间定得不清不楚，消费者只能在家里等待维修人员的出现。后来公司提供了一到两小时的预约窗口，更好的是，还引入了Tech ETA系统。它可以通过消费者的手机或电视屏幕，主动向消费者发出技术人员何时到达的相关信息（说实话，今天的GPS技术已经这么先进了，使用这项技术应该是不费吹灰之力的事）。该公司为实现承诺，提出如果技术人员比预约的时间晚到一分钟，消费者的下一单消费将得到20美元的抵扣。

该公司推出了Xfinity Assistant——一个跨渠道的虚拟消费者服务工具。Xfinity Assistant可以每周7天、每天24小时全天候回答消费者的问题，消费者则不需要在工作时间放下手中的工作去给客服打电话。康卡斯特公司在一份新闻稿中说："在康卡斯特，我们每天都与消费者发生数百万次的互动。如今对简便的数字化解决方案的需求从未如此重要，而我们在数字平台和管理能力上的多年投资正在得到回报。"[9]

此外，康卡斯特开发了一个高科技程序专门来收集和评估消费者体验反馈。卡林沙克向科技频道CXOTalk解释，该程序有一个叫作"情感"（Sentiment）的组成部分，它能衡量全部消费者接触点的总体满意度，无论是消费者用文字表达出来的意见，还是通过各种其他形式所讲出来的。"它把我们从消费者那里听到的一切反馈都当作衡量的数据，"他说，"我们能做的不仅仅是像常规的调查问卷那样对消费者进行抽样调查，而且是对他们所有的交易进行评估。然后，我们将把消费者和员工的反馈与我们自己的商业洞察与智库情报结合起来。"[10]

卡林沙克接下来说的话更让人惊讶，我们想不到一个拥有数百万名用户的大公司竟然会将消费者服务做到这种程度。他说："公司的每个人都会直接参与消费者电话回访，包括我们的高层——我和其他的管理者。以我们的首席执行官戴夫·沃森（Dave Watson）为例，他将分享他从与消费者的直接交谈中得到的反馈，并通过圆桌会议或其他方式与员工和管理层进行交流。这种做法已经真正地融入公司的管理结构当中。"[11]

康卡斯特的实体店数量不断增加——2018年，康卡斯特在业务需求量较多的地区开设了超过80家门店，而过去他们则主要在传统的工业区开店。他们把直接面对消费者的员工称为"友好专家"，他们主要在以下三个方面接受培训。

**1. 热情地欢迎顾客。**（这是从山姆·沃尔顿的金句中得到的启发。）

**2. 承担责任。**（对自己取悦顾客或无法取悦顾客的能力负责。责任由你来承担。）

**3. 在每次与顾客的互动中表现出感激。**（你要主动告诉顾客，你是为他们服务的，并对他们的光顾表示感谢。）

2020年6月，《美国消费者满意度指数报告》发布了年度调查结果，并广泛调查了消费者对电信服务的感受。调查发现，总体来讲康卡斯特的下属品牌Xfinity被评为"改善最多的品牌"。尤其是在付费电视服务满意度这一方面，顾客的评价是有了"惊人的改善"。近年来该公司对Xfinity零售店进行了全面改革，增添了很多高科技装置，打造得像精品店一样，因此其消费者评价分数有了大幅提升。报告指出："根据消费者的说法，Xfinity的工作人员带来了改变，店内的交易速度得到了明显提升，这是消费者体验中改善最多的一项。"[12]

康卡斯特是一个很好的例子。消费者对企业的服务不满，企业发现了问题，承担起解决问题的责任，全公司自上而下整顿，最后把消费者的不满变成了喜爱。这不像研究火箭，是什么高深的学问，关键在于你要拥抱创新，激励你的员工，更重要的是，愿意为你的消费者做正确的事情。

## 行动起来！

在销售完成后，你需要考虑两件事：让你的消费者成为品牌大使，把关于你的公司、品牌或服务的积极评价传播出去；让消费者成为复购者，一次又一次地购买你的产品。

在这个阶段，一定要找出所有让消费者对公司不满的原因，然后在这些方面积极改进。要记住一点，无论你的消费者出于什么原因对你的公司不满，就算像在20世纪90年代和21世纪初时他们对康卡斯特不满那样，只要你采取行动做出调整，一步步走上正轨，就永远都不会晚。记住，创新可以发挥重要的作用，因为消费者有着越来越强大和直接的方式来表达他们对公司的喜爱或厌恶。

06

# 接触点 5

## 持续接触

在持续接触阶段（the in-touch stage），虽然交易已经结束，产品已经交付完成、服务也已经结束，但你的消费者并没有从地球上消失。相反，他们可能会在未来几年甚至几十年内都活跃在市场上，就像你的公司一样（我们希望如此）。

## 大循环

从某种意义上说，你服务过的消费者已经兜了一圈，重新回到了销售漏斗入口外的广大潜在消费者群体当中。从前的消费者在那里徘徊，如果你的公司可以再次满足他们的需求或愿望，他们会再次进入销售漏斗。有很多这种周期性业务，比如本地的汽车修理店、婚礼场地、水管工、贷款经理、医院或酒店等，这些都是消费者可能会定期产生需求的生意。

一边是从未与你发生过交易，并且与你没有任何感情基础的潜在消费者，另一边是可能再次光顾你的前消费者，这两者之间有两个非常重要的差异。

**1. 关系**。你需要向新消费者证明很多东西，而对前消费者则不需要这样。因为你的前消费者对此前的交易有一些好印象，你不需要再告诉他们你能为他们做什么。前消费者拥有你的产品，也喜欢它——如果他们不喜欢，那么你就麻烦了。从某种意义上说，前消费者本来就是你的，他们是你要争取不失去的人。

**2. 他们的数据**。你有与前消费者互动的记录。如果你是一个像亚马逊这样的在线零售商，这些数据会非常详细，包括前消费者完整的购物和浏览历史。浏览数据使在线零售商比实体零售商具有更大的优势，因为实体店没有办法记录消费者看了但没有买的商品。例如，如果你去一家百货公司，在厨房用品部花了10分钟看微波炉，但没有买，然后你去买了一双运动鞋，百货公司没有记录你对微波炉的兴趣。任何记录都没有。但是，如果你是在网上，在买一双运动鞋之前花了10分钟浏览微波炉，网上零售商就会知道除了运动鞋之外，你还对微波炉很感兴趣。只是出于某种原因，你没有找到想要的东西。他们对这一信息的反应是：同时向你推送鞋子和微波炉的弹出式广告。

你的购物数据可以用来预测你可能想买的东西（亚马逊使用算法向消费者推荐产品），使下一次购买体验更加顺畅。

相较于吸引一个陌生的潜在消费者需做的工作，吸引前消费者要做的事情少了许多。毕竟，你对他们从一开始就做好了预测。

说到这里，前消费者或复购者与你的公司持续保持的关系可能是下列许多形式中的一种。

## 复购者

正如我在上一章中提到的，购买过你产品的消费者可能会成为定期购买你产品的复购者。这就是那些忠于一个品牌的牙膏或汽车、始终使用同一个纳税服务机构的人。他们对你的产品或服务很满意，只要你始终让消费者感到满意，就有可能留住他们。对于消费者来说，始终选择你，他们也会方便很多。毕竟，更换品牌涉及一些风险和调整。大多数消费者有更重要的事要做，如果每次购买东西都要像第一次购买时做足攻略，那就太消耗精力了。

在这种情况下，你千万不要想着让他们接受强硬的推销。你必须做的事情是确保他们对选择你的品牌感到满意，始终提供有质量保证的服务，并提防竞争对手挖走这些忠实的消费者。

然而可悲的是，一些营销总监认为，需要通过不断向消费者发送电子邮件和自助服务来与他们保持联系。他们经常使用消费者关系管理软件来与消费者保持联系，希望可以达到让消费者购买更多产品的目的。但消费者并不喜欢这些，反而通常会比较讨厌这种做法。你应该做的事情是持续不断地为消费者提供价值。只有当你知道这就是消费者所需要的商品，才有必要为他们提供该商品的优惠信息。

## 交叉购买者

你去了自己最喜欢的汉堡店，点完了餐。

服务员问你："你想尝尝我们新出的Cajun薯条吗？"

"好的，当然愿意。"你回答说。

你刚刚经历的是交叉销售（cross-selling），即鼓励消费者在购买主要产品的同时也购买公司的次要产品或新产品。在这个例子中，主要产品是你已经多次点过的汉堡，而服务员问你是否想尝试他们新推出的Cajun薯条。

苹果公司是向现有消费者进行新产品交叉销售的高手。该公司从1976年开始生产个人电脑Apple I。在1993年，他们推出了早期的掌上电脑Newton MessagePad，2001年又推出了iPod音乐播放器。然后在2007年推出了iPhone，在2015年推出了苹果手表。这些新产品最初都是卖给现有的苹果用户，如果你是忠实的苹果用户，你很可能拥有苹果电脑、音乐播放器、手机，甚至是手表。

那些喜欢《星球大战》电影的人也是交叉购买者，他们会购买所有与《星球大战》相关的商品。喜欢卡戴珊家族的人会购买这个家族出售的任何东西。喜欢福特皮卡的人会买所有的售后配件来打造他们的车。

不过，交叉销售和追加销售（upselling）是有区别的。

- 交叉销售是指向消费者提供他们已购产品的补充产品。例如，销售人员向一个刚买了新音乐播放器的顾客推销一副耳机，这就是交叉销售。即使在距离消费者首次交易很长时间之后，公司依然可以进行交叉销售。例如，你曾经下载过一个新游戏，公司在几年后推出了该游戏的影片，而你成为首批可以观看该影片的人。

  通常情况下，如果你没有对消费者进行强行推销，顾客应该不会反感你和他们保持联系。你与前消费者的沟通必须有尺度，而不能咄咄逼人。不能像是在做广告，而更要像是在和他们分享信息。

- 追加销售是指你向消费者推销额外的服务，或劝他们购买更昂贵的产品。例如，如果有人来到你的家具店想买一把椅子，而你却把整套餐厅家具卖给他们，这就是一种追加销售。一般来说，追加销售发生在购买的时候。卖家实际上是在说：“嘿，既然你已经在我们这里花了10美元，而且你也挺开心的，那么为什么不花15美元让自己更开心呢？”

餐厅通常都非常擅长追加销售。你是坐在餐桌旁的一位被餐厅所俘获的听众，你们双方都知道你准备花一些钱，问题是——多少钱。有经验的服务员会源源不断地给你提供建议，比如，“在你点餐前喝些饮料怎么样？”“今晚的菲力牛排非常好。”“您要什么甜点？咖啡还是甜酒？”在你意识到之前，你已经提高了“票价”（每人的平均消费），同时增加了餐厅的利润。

在餐厅里，只要采取的方式适当，顾客通常会喜欢被追加销售。但你在进行追加销售时要非常小心，因为顾客很容易就会感到自己被利用了。过多的追加销售会让顾客产生很多的厌恶感，这就是为什么很多人会提防房地产经纪人。你告诉房地产经纪人自己正在寻找一套40万美元的两居室，而他们带你参观的第一套房子就是50万美元的三居室！这种做法不让你讨厌都难。汽车经销商也会犯同样的错误。当你说你要买车时，他们会让你坐在经理的桌子前，让你逐个浏览长长的可选配件和服务清单。他们知道你讨厌这样做。但他们也知道，一般消费者都会同意购买一个或多个清单上的追加项目。从经销商的角度看，让你经历这个折磨人的过程是值得的。

## 影响者

即使你服务过的消费者再也没有从你这里买过任何东西，他们也会记得曾经与你的关系。有机会的话，他们会将自己或好或坏的经历告诉朋友和家人。这样你的消费者就成了一个影响者，而好的影响者的价值堪比黄金。

曾经我的一个朋友和他的伴侣不得不住进他们家附近的一家酒店。我们就叫它钻石酒店吧。他们的房子正在装修，他们需要在酒店住两周，就像外地的游客那样。他们在那里过得很愉快，两周后搬回了家。

钻石酒店将他们列入酒店的电子邮件联系名单中。每隔一个月左右，我的朋友就会收到一封来自该酒店的邮件。邮件会向他们介绍一些特别的活动或改进，比如新建了健身中心或升级了无线网络。这些邮件并不是为了推销什么，更像是友好的资讯简报。

当然，我的朋友和他的伴侣可能不会再去光顾那家酒店了。酒店离他们的家只有几公里远——去那里没有任何意义！但是我的朋友认识很多人，其中有一些人会飞到这座城市出差或探亲。他们经常会询问有什么好的酒店可以推荐。无一例外，他都会把钻石酒店推荐给他们。推荐的理由则是在房屋改造时他们曾在那里住过，感觉还不错。

在接下来的5年里，我的朋友向钻石酒店介绍了十几位不差钱的外地亲友。后来，酒店的总经理发现了这个情况，他邀请我的朋友和他的伴侣去酒店度周末，所有费用由酒店承担。虽然我的朋友很长一段时间都不再是酒店的消费者，但他和钻石酒店却都从彼此的关系中获得了不少好处。

## 让我们保持联系

在消费者的消费过程结束后，与他们保持联系是很重要的。你的做法要让人感觉完全不是为了推销任何东西，而是持续并愉快地为他们提供有效的价值。你需要他们自愿地回来找你，而不是在他们面前要一些“只此一次”的伎俩。

你可能有过这样的经历：你在搬家后和朋友、家人失去了联系。在商业中，为了维持关系，你需要尽可能持续地、高质量地接触以前的消费者。一般可以采取资讯简报或电子邮件的形式重点介绍行业或公司内的创新之举。

你的持续接触策略要以为消费者持续不断地提供有效价值为目的——哪怕理论上他们已经不再是你的消费者。我曾经与一家大型数字机构合作，某天他们打电话告诉我，有一个适合我公司的新的市场机会。这个市场机会与他们的公司无关，他们只是觉得这件事可以让我获益，因此想让我有所了解。我一直在等他们说“逗你玩”，但最后发现事实并不是那样。他们只是想为我提供持续的价值，对此我非常感激。事实上，我对他们的好感最终让我决定把他们介绍给我的一个最大的客户，最终让他们做成了一笔25万美元的生意。保持联系不是为了增加收入——尽管这么做确实可以达成这个结果。这么做最重要的目的是，让你能够持续地为消费者提供具有连续性的价值。

由于忽略了在持续接触环节可以完成的工作，许多企业实际上在承受巨大的利润流失，以及更好地为消费者提供服务的机会。

## 消费者体验的连续性和最薄弱的一环

常言道，一条锁链的力量由其最薄弱的一环所决定。许多企业在一个或多个环节上的表现都很出色。但挑战在于，你必须在每一个接触点上都表现出色，还要让所有类型的消费者都对你有好感，争取他们对你不产生厌恶情绪。在消费者体验的布局和设计过程中采取零敲碎打的做法是完全没有效果的。许多优秀的领导者和公司之所以失败，只是因为他们忽略了某一个接触点而已。

## 你也需要来自员工的喜爱！

现在我们已经知道首次接触是多么重要，那么我们该如何杜绝那些让消费者讨厌的事物呢？让我结合自己多年作为管理顾问帮助企业优化消费者体验的合作经历来举个例子。

我曾与一家全国性的快餐加盟商合作，帮助他们找到顾客对他们不满的地方。我分析了首次接触环节，顾客走进餐厅时，柜台后面的人甚至连招呼都不会打。很多时候，服务人员只是盯着顾客，面部表情毫无感情，甚至有些贬低的意味。他们傻呆呆地等着顾客浏览悬挂在他们头顶上的菜单，然后点餐。换句话说，你走进这家餐厅后他们就只是盯着你，似乎是在用眼睛说："你想要点儿什么？"这样的服务实在是太糟了。

这种对顾客的无礼是系统性的。可这是为什么呢？是这些员工天生粗鲁，还是后天形成的？

通过更多的调查和采访，结果并不出人意料——这家餐厅的工作氛围并不让人愉悦。员工本身不是刻薄的人，只不过他们在工作中觉得很难受。餐馆老板和经理们缺乏领导员工的能力，他们对员工持有很深的怀疑，仿佛员工都是潜在罪犯。这里经常会冒出性别歧视的笑话，而如果员工背着包上班，那么在下班回家的时候就可能遭到检查。这里的排班没有规律，而且还会强制员工加班。

毫不意外，这里员工的流失率非常高。来到这里的员工只是为了积累足够多的工作经验，好让自己有能力找到其他工作。同时，新员工都是那些在其他地方找不到工作的年轻人。这是一个恶性循环，老板们一边感慨找不到高质量的员工，一边却满怀憎恶地把现在的员工往外撵！

为了解决员工的问题，餐馆老板尝试用自动售货机取代愤怒的员工。从结果来看，顾客确实更喜欢自动售货机，而不是那些不高兴的员工。因此，这家餐馆得出结论，他们可以将点餐过程数字化来解决他们的问题。等等，他们真的解决问题了吗？不！他们找错了要解决的问题，而且还增加了真正让人讨厌的东西。

与此同时，在街对面那些参与竞争的快餐店正在开展“提升工作生活品质”的计划。他们有周到的招聘和入职流程，在各个方面对待员工都非常人性化。这些努力使员工更快乐，让他们以礼貌和尊重回应顾客。

这个故事当中蕴含着两个准则。

1. 员工是你的一线品牌大使。从人的角度出发，他们会把自己的情绪传递给其他员工。如果他们是销售人员，则会传递给你的消费者。无论你的销售人员是与身价百万美元的消费者打交道的高管，还是站在你的比萨店柜台后面的年轻人，他们都需要享受自己的工作，都需要为自己的工作感到自豪。

没准儿你的菜鸟员工就是下一个杰•莱诺（Jay Leno）。在莱诺做艺人成名前，他的职业生涯是从马萨诸塞州安多弗的一家麦当劳开始的，他拿的是最低工资。莱诺在《黄金机遇：从麦当劳发迹的辉煌职场生涯》（*Golden Opportunity: Remarkable Careers That Began at McDonald's*）一书中告诉作者科迪•蒂茨（Cody Teets）：“从1966年到1968年，我在主街的一家餐馆工作了两年。”当他在麦当劳边切炸薯条用的土豆边给顾客打电话时，他上了一堂让他整个职业生涯都受益的课。

某天早上，莱诺走回餐厅的储藏室准备去拿一批新土豆来切。老板汤姆•柯廷（Tom Curtin）和他在一起。他们发现了一件不寻常的事情：一袋土豆上面放着一条内裤。

莱诺说：“有时工作人员穿制服的时候会换身衣服，很明显这是有人忘记了穿内裤。我本以为汤姆会让我把最上面一层的土豆扔掉，然后洗干净剩下的那些。可他却说：‘把这些土豆全部扔掉。整批扔掉，一个不留。’”

“这件事给我留下了非常深刻的印象，”莱诺回忆说，“质量的标准定得如此之高。这是我永远不会忘记的一堂课。”[1]

事实上，柯廷给他的年轻员工传递的信息非常明确：我们的消费者应该得到我们能给予他们的最好的东西。从经理到员工到消费者，我们都努力减少厌恶，增加喜爱。

2. 永远不要在试图弥补首次接触中的厌恶时，采取一种被视为“我们的糟糕程度可以轻一些”的解决办法。这样做一定会导致失败。快餐店的老板没有正视员工管理和培训的问题——这需要他们反思自己的态度和经营信念——而是把问题掩盖了起来。他们决定尽量摆脱麻烦的人类雇员，让店里经营的生意不仅是快餐，而且还是自助快餐。这么做为什么很愚蠢？因为如果顾客使用自动售货机，他们预期见到的就是便宜而且随处可见的食物（记住，成功的企业要做的就是预估消费者期望，然后满足甚至超过预期）。人们只有在赶时间，甚至连吃快餐的时间都没有的时候才会选择自动售货机里的食品！用自动售货机该怎么赚钱？唯一的方法是以量取胜，一方面大量安装售货机，一方面提供大量的低价产品。

正如你所看到的，快餐店老板做了一个决定，有效地让自己从一个行业（快餐）进入另一个行业（自动售货机），从而为自己制造了一系列新的问题。他们从一个热油锅里跳进了一个更烫的油锅里！

## 为了让喜爱继续，拥抱颠覆！

每次当我看到一家公司锁定最让他们赚钱的消费者，并将大部分资源放在这些人身上时，我发现这些消费者之所以最让公司赚钱，是因为他们认可该公司正在做的事情。

但是，一家公司如何把那些从来没有为他们掏过钱的人，变成他们的消费者呢？你需要通过各种消费者类型来区分你的消费者，眼观六路，耳听八方，以颠覆性思维、破坏性的创造，生产出新的和有价值的东西。这是提出颠覆性观点，并让那些非盈利的消费者变成可以让你挣钱的消费者的最佳方法。

## 行动起来！

交易完成后，你的消费者又回到了庞大的潜在消费者群体中。现在你和他们已经有了一段不错的经历，如果他们想再次购买，你再向他们推销就错了。你的工作是与他们保持联系，不要再用推销的方式去骚扰他们，你要给他们发送新闻和优惠信息。让他们成为“大家庭的一员”，同时保持低调。

确保你的员工充分投入他们的工作，让他们了解公司的使命，每天都有积极的工作心态。如果消费者的厌恶源自你的员工，那么你是不可能解决这个问题的。

07

# 你以为的消费者需求，不是你的唯一关注点

我知道这听起来很疯狂！我的意思是，毕竟，创造新的体验、产品和服务，并以客户想要的方式漂亮地将其交付给客户，这绝对是提供细致的消费者体验的关键所在。但事实证明，如果我们像许多组织一样，只关注消费者的需求，那么我们的行为其实就是假设他们当前的消费体验是可以接受的。

后疫情经济时代是一个高度竞争和高度消费的时代。消费者渴望无摩擦的消费体验。他们希望看见透明的价格，他们希望每一笔交易都是顺畅的。因此，如果我们认为，当前的商业模式和所有情况下提供价值的方式（从产品质量、产品包装，到我们的分销和供应等所有环节）都不存在问题——剩下的就是找出顾客的需求，那么我们就不会实现那些需要我们达到的目标。

## 门槛越来越高

几年前，我开始问我的客户一个问题："你的消费者都讨厌你什么？"在问这个问题之前，我已经跟他们的消费者进行过交流，并且听到了一些令人大开眼界的意见。现在我想直接问问这些公司。啊，这可真是一个不可思议的时刻。我发现了一件令我异常震惊的事情。不仅消费者会告诉我他们与某家公司打交道时所有不满的地方，而且这家公司的员工也会告诉我，他们所知道的所有引起消费者不满的地方！有一家公司刚刚在营销活动中花费了1800万美元，但他们从未花一毛钱去问一个基本问题："我们的消费者都讨厌我们什么？我们怎样才能解决这个问题？"

现在，你的绝大多数消费者所接受的，只符合我所说的"最低限度的消费者期待"。也就是说，你给予他们的只是你自认为他们想要的东西。问题是，在这个瞬息万变的时代，标准正不断提高，消费者现在想要的远远超出了他们过去的要求。他们期待超预期的精致体验和价值收获。所以那些在"最低限度"的危险地带里运营的公司很可能会面临失败——也许是明天，也许是明年，总之会失败，因为这个危险地带是真实的。

这正是世界上许多优秀企业遭遇失败的原因。所以我们要清楚，提问“我们的消费者讨厌什么”和提问“我们的消费者喜欢什么”，这两者同样重要。这正是本书的主旨所在。我发现，当我们注视硬币的另一面时，能获取到那么多信息。换句话说，如果弄明白了消费者讨厌什么，也就意味着他们清晰、干脆地告诉你，他们想要的是什么。

## 所有人都会去看一星评价

对企业不满的顾客和喜欢企业的顾客应得到同等的重视，一个很有说服力的理由是前者会导致收入和消费者的流失。在一个数字信息无处不在的时代，在如同谷歌所描述的“微移动时刻”（micro mobile moments）里，我们使用联网设备来决定自己去哪里吃饭、住什么酒店，以及要买什么样的产品。而我们做出这些决定的一种方式就是我们所说的超影响力社交群体（hyper influential social communities）。例如，当你在亚马逊网站上考虑购买一个产品时，你可能做的第一件事就是寻找其他消费者对该产品的评价。这个群体的规模越大，其评价就越接近真实，也因此会吸引你的关注。现在，让我问你一个非常简单的问题：你是否会像我，以及绝大多数人那样，跳过所有的五星评价，直接去看一星评价？我们这样做，是因为我们想知道那些不满的人是怎么想的。我们能通过阅读差评发现产品有什么问题。不满的消费者却是最有影响力的消费者。这件事难道不是很有趣吗？那些对我们的工作不满意的人，对我们的成功却具有最大的影响力。

想要解决这个问题，只能尽量不要让消费者讨厌我们，避免一星评价。

但是，我们该如何做到这一点？找到消费者讨厌什么——这话听起来很简单。但对我来说有趣的是，几乎所有关于消费者体验的讨论反而都在试图找出消费者想要什么。然而事情的真相是，消费者其实根本不知道自己想要什么。你要明白，创造出更好的体验不是消费者的责任，而是你的，是你的重任所在。我知道那些调查问卷、净推荐值和其他测评方法都很有趣，可以制作出很不错的、很容易使用的图表。这些事物理应是提升消费者体验的最佳方法，但真正地了解消费者为什么不满才是在这个世界里创造出最佳消费体验的秘诀。

## 不满的人会劝退你的消费者

歌星泰勒·斯威夫特（Taylor Swift）在她一首很有名的歌中唱过一句话："有些人就是看什么都不顺眼。"但更重要的是：不满者是劝退者（deflectors）。

这话是什么意思呢？我的意思是，如果你不了解他们，也不能消除这种不满，你的生意就会被他们毁掉。

有一种叫作"保险杠贴纸综合征"（Bumper Sticker Syndrome）的东西（译者注：自驾汽车后保险杠上的贴纸，这些贴纸会印有一些图案或者文字，可以是商业、政治性质，也可以是为了纯粹找乐，如表达或宣扬一种观点、态度，或者只是自嘲的笑话等）。你有没有注意到，那些负面想法最多的人会在自己的车上贴满最多的贴纸？在现实世界里，心怀不满的人更容易抱怨，而且他们的声量很大，并且拥有更多的话语权。我把这些人称为“叫嚣者”（the loud crowd）的一员，而这些“叫嚣者”总是迫不及待地要说说他们有多讨厌你。

不要误会我的意思，但在我们的世界里，有很多“网络喷子”（trolls）。这些消极的、富有破坏欲的人，只是想说别人的坏话。不过一般来说，这些人产生的数据和评价通常没有统计学上的意义。每个企业都会遇到针对自己的网络喷子。

我在这里想说的是，那些铁了心要针对你的厌恶者有能力阻碍你的生意。如果你是因为消费者的不满意而遭遇大众的差评，同时你对改变这种仇视无所作为，那么你最后肯定会遭遇失败。现在被人们称为数字偏转（digital deflection）的情况是我们承受不起的。但是，不仅仅在上述情况中会发生偏转，在消费者的所有接触环节中这种偏转都可能发生。因此，相比于了解消费者对你的赞美，了解消费者讨厌什么更能够帮助你看清更多东西。

上述故事有着非常直接的寓意。如果我们真的想知道消费者想要什么，我们首先要看到硬币的反面，也就是他们讨厌什么。因为他们对这个话题的表述会更加准确。

一旦我们发现了消费者真正想要的东西，我们就有责任将其实现。苹果公司的调查问卷中从来没有说乔布斯应该发明iPhone。这个创意来自该公司对用户敏锐、独到和专业的洞察。事实上，当你现在浏览苹果商店，可以发现他们呈现图形化用户界面简洁性的方式，与消费者体验他们的零售店铺环境的方式一致。而这种做法让苹果商店成为世界上最赚钱的零售商之一。他们的任务是知道消费者想要什么，同时他们也明白，想要通过调查问卷来实现这一点是不可能的。

令我惊讶的是，美国有史以来最糟糕的一些公司的前高管，在离开他们的公司之后，却开始教人们如何提供优质的消费者体验。我们看到失败的连锁酒店高管在培训消费者体验项目，没有明确经营方向的游乐园高管也在教消费者体验的课程。这真是疯了！ 不幸的是，许多企业领导人、高管和初衷良好的公司其实不是十分清楚该向谁求助。因为这些培训预设的议题是：一切都会好起来的。只要你买了我们的软件，只要你买了我们的培训套餐，只要你允许我们的顾问围着你的企业折腾几个月，一切就都会好起来的。

## “你讨厌我什么？”

消费者体验是整体性的。它的理念源自以幸福为文化基础的工作环境。这要求我们真诚地对待自我，向内探究一些难以回答的问题。而最棘手的问题是：“你讨厌我什么？”

还记得你上次说出类似的话是什么时候吗？我猜，你可能从来没有问过这句话。因为你可能像我一样，会尽一切努力确保没有人会对你用“敌视情绪”这么强烈的词。但在我观察了世界上经营很好或很差的企业之后，我发现成功的企业会接受他们不完美的事实。他们清楚，自己不是服务于某个所谓的消费者，也不是为某种类型的消费者服务。他们知道自己服务于广泛的消费者对象，而且他们不会从人口统计学的角度来对待消费者。他们会根据每个消费者的所爱和所厌来服务，会根据5个接触点来判断他们的喜爱和厌恶。当然，还会区分线上和线下来进行考虑。问出“你讨厌我什么”确实很难。但这是为了迅速提升有品质的消费者体验，你和你的企业所能做到的最有效的事。

## 永远的问题：消费者总是知道他们想要什么吗？

在理想的市场中，消费者总是清楚地知道他们想要什么，而企业也能有所供应。消费者和企业，两者齐头并进，配合得天衣无缝，就像好莱坞电影中的弗雷德·阿斯泰尔（Fred Astaire）和金格尔·罗杰斯（Ginger Rogers）的舞蹈一样。双方保持同步，没有摩擦，消费者想要什么，就能得到什么；而且，为了避免任何浪费，企业永远不会生产消费者不需要或不想要的东西。企业能准确地生产市场想要的东西——不多不少。

要真是这样就太好了！

我们可以进一步想象，为了使消费者的消费体验更好，在消费者还没有想清楚自己想要什么的时候，企业就已经知道他们的消费者想要什么。哦！想象一下吧！

消费者会说："哎呀，我想要某个东西……但不知道是什么……一个可以让我的生活变得更好的东西……但我没有办法描述它。"

这时候企业主有机会回答说："啊！我正好有你想要的东西。这就是'小发明100'，现在就能买！"

欣喜的消费者感叹道："天哪！这正是我想要但无法描述的东西！谢谢你！"

如果存在一个这样的系统，它肯定会让交易的双方实现双赢。消费者会不断地获得惊喜，而企业则通过创新产品挣大钱。

事实上，这正是许多企业尝试要做的事情。他们不仅努力生产消费者想要的东西，还试着预测消费者的需求，把消费者无法表达出来或者认为不可能出现的东西打造成产品。

富有远见的领导者凭空变出人们在亲眼看到之前从来不知道自己想要的产品——这是个很有诱惑力的强大概念。而且这件事多简单啊！一个手里有水晶球的人，凭什么还要辛辛苦苦地做市场调查呢？

然而现实要复杂得多。与流传的故事不同，历史上最著名的两位创新者恐怕从来没有将功劳归于自己。

## 亨利·福特与“更快的马”

人们经常引用汽车业先驱亨利·福特（Henry Ford）的话：“如果我问我的顾客他们想要什么，他们会说要一匹更快的马。”这句话向我们证明了，福特看到了一个别人没有看到的问题，创造了一个别人没有想到的解决方案。

不过我们首先要知道，从来没有证据表明他曾经说过这些话。研究人员试图找到这句话的记录，但事实上这句话第一次出现在1999年《游轮业新闻季刊》（*Cruise Industry News Quarterly*）的一篇文章中。该文章引用了游轮设计师约翰·麦克尼斯（John McNeece）的话：“想要通过研究人类来寻找到人们想要的东西是有问题的。如果亨利·福特问人们他是否应该制造一辆汽车，这些人可能会告诉他，他们真正想要的是一匹更快的马。”[1]

事实上，当福特在20世纪初开始制造汽车时，一匹“更快的马”从来不是人们关注的问题，因为马跑得已经足够快了。福特和许多其他汽车制造者敏锐地意识到的真正问题是，马的效率低得惊人。即使在不被使用，即不产生价值的情况下，你也必须喂养和照料它们。正如福特本人在1923年接受《基督教科学箴言报》（*Christian Science Monitor*）采访时所说：

> 一个人一天使用一台他自己可能也参与制造的机器，能完成相当于5个人用马队才能完成的工作。农场

> 里的马是很浪费的。因为有很多小农场都有四五个马队，它们3/4的时间都闲在那里低头吃草。再过几年，除了骑用马之外，这些马将会被淘汰——不过为什么有人愿意骑马，就不属于我能理解的事情了。[2]

20世纪初的消费者感受到了以马为动力的运输系统所带来的痛苦。粪便在城市街道上堆积成山，大量的马尿弄得臭气熏天。数以万计的死马不得不被拖到胶厂。随着人口的增长，广泛使用马匹进行日常劳动和运输是难以持续的。每个人都知道这一点，而且每个人都知道汽车可以解决一切问题。汽车的神奇之处在于，当它不产生价值时，也就是说，在你不驾驶它的时候，它可以待在你的车库里。它不需要喂养，不需要照料，不产生粪便。你可以几天甚至几周不理会它，而这段“停工”时间不会让你损失一分钱。当它报废的时候，它也不会变成一具腥臭的尸体。

1915年，美国的马和骡子数量达到高峰，达到了2650万匹。当时的人口数量约为1亿。这使得马与人的比例约为1∶4。试想一下，如果这个比例继续保持不变，今天的美国将有3.28亿人和大约8200万匹马。而现在，我们有2.76亿辆注册机动车。

下面让我们来看另一句杜撰的名言——事实上，是三句。

## 史蒂夫·乔布斯和消费者调查

我们很幸运地在沃尔特·艾萨克森（Walter Isaacson）所写的史蒂夫·乔布斯传记里找到了三句真实的语录。一些人断言乔布斯是一个只依靠自己直觉的富有远见的人物，他们引用这三句话——我认为这些引用是不恰当的——并且认为所有人都应该效仿：

- 在1982年的一次决策会上，Mac团队的一名成员建议，他们需要做一些市场调查，看看消费者需要什么。乔布斯回答说："不，因为在我们向他们展示新产品之前，消费者根本不知道他们想要什么。"
- 在他推出新款电脑Macintosh那天，《大众科学》（*Popular Science*）的一名记者问乔布斯他做了什么市场调查。乔布斯回答说："亚历山大•格雷汉姆•贝尔在发明电话之前是否做过市场调查？"
- 乔布斯说："有些人说：'给消费者他们想要的东西。'但这不是我的方法。我们的工作方法是，在消费者想清楚他们想要什么之前，我们就已经先他们一步弄清楚了。亨利•福特曾经说，'如果我问顾客他们想要什么，他们会说'一匹更快的马'。在你向人们展示产品之前，他们根本不知道自己想要什么。这就是为什么我从不依赖市场调查。我们的任务是弄清楚那些尚未形成定论的事情。”[3]

上面的这些语录和另外一些其他的话，不断被吹捧为苹果公司不做市场调查的证据。对于苹果公司的人力资源部来说，这些话可以算得上是大新闻了。在写这本书的时候，我在网上找到了苹果公司发布的招聘广告：

> 苹果公司的全球产品营销团队诚聘一名市场调研的总监，主要负责在关键地区的产品研究。我们希望您了解创新的研究方法和分析方法，在将数据转化为有影响力的见解，并将其与业务联系起来等方面拥有丰富的经验。[4]

我又浏览了一些其他信息，决定在苹果网站的招聘数据库中使用“市场营销分析师”（marketing analyst）作为关键词进行搜索，得到了579个结果。我又用“商店市场研究分析师”（stores market research analyst）进行搜索，得到了六百多条结果，其中出现了苹果公司库比蒂诺总部正在招聘的“苹果手机市场研究和分析主管”。对这个职位的一部分描述是：“这个职位负责进行定性和定量研究来了解苹果公司的消费者，并要求具备能够进行商业决策的市场洞察力。”[5]

对了，《华尔街日报》（*Wall Street Journal*）曾对苹果和三星之间的专利纠纷做过一些深入调查。记者杰西卡·瓦塞拉罗（Jessica E. Vascellaro）在法律文件中发现在“苹果手机用户研究”主题下面有一篇《苹果市场研究与分析，2011年5月》的重要报告。这份报告调查了多个国家的苹果手机用户，分析他们的购买原因。[6]

我们至少可以确定一件事：苹果公司进行着非常详尽的市场研究。

所以，他们到底靠什么成功的？是市场调查还是敏锐的直觉？

答案是：两者都有。

亨利·福特、史蒂夫·乔布斯、埃隆·马斯克、杰夫·贝佐斯以及其他的消费者体验创新者，他们并没有神奇的力量可以看穿消费者的内心和想法。他们拥有的市场信息与你我相同，他们感受到的市场痛点与你我相同。

- 亨利·福特看到了几个世纪以来基于马力的运输系统所带来的痛苦。
- 史蒂夫·乔布斯看到了大型、笨重、昂贵的电脑带来的痛苦。
- 埃隆·马斯克看到了内燃机车带来的痛苦（这和一个世纪前亨利·福特发现如何大规模生产内燃机时激动人心的情况一样）。

- 杰夫·贝佐斯看到了低效的实体零售店带来的痛苦。

那又怎么样呢？很多人都有过同样的认识。在20世纪70年代，许多人认为："计算机很酷，但为什么不能让它们变得更简单、更容易使用？"至于电动汽车，人们长期以来一直试图通过创新让它们变得更实用（在20世纪90年代末通用汽车公司就有了一款电动汽车EV1，但后来被放弃了）。尽管零售商店可能逛起来挺有趣，但很多人忍耐它们的原因仅仅是他们别无选择。

每个时代都有它的创新者。杰夫·贝佐斯看到的痛点正是理查德·西尔斯（Richard Sears）在1893年推出第一个"西尔斯罗巴克公司邮购产品目录"（*Sears, Roebuck & Co. mail-order catalogue*）时看到的痛点，他的成功仰赖于美国的邮政系统和铁路。早期的西尔斯目录（*Sears catalogs*）被吹捧为"地球上最便宜的供应屋"或"廉价手册"，它的一个特点是产品种类多到令人惊叹，包括乐器、医疗和兽医用品、缝纫机、枪械、自行车和婴儿车。到1894年，该目录增加到322页。理查德·西尔斯在1908年退休前亲自撰写了目录的大部分内容，他的座右铭是"我们不能失去任何一位顾客"，这反映了该公司对避免消费者厌恶以及获得喜爱的持续关注。

"我们不能失去任何一位顾客"——对任何企业来说，这都是一个不错的口号！

如果说这些创新者看到的痛点是很多人也看到的，那么为什么只有他们获得了成功?

他们都有两个重要的品质。

1. 他们能够想象出一个解决方案。

2. 他们有将解决方案变成现实的决心。正如托马斯·爱迪生所说，“天才就是1%的灵感加上99%的汗水”。因此，第一个品质——想到解决方案，只占成功的1%；而第二个品质——将解决方案变成现实的决心，则占到了成功的99%。

这样才是对的!

## 行动起来！

与那些流传的神话不同，所有成功的企业家，无论是面向消费者个人还是在B2B领域，都敏锐地把握了他们的消费者想要什么和不想要什么。他们并不是仅凭直觉就获得了无价的信息。要知道，你的消费者喜欢什么和讨厌什么，并没有什么“秘密捷径”。它需要努力工作，听取消费者心声的意愿——尽管他们的真实想法可能和你的个人意见相左。

说了这么多，作为消费者的你很可能也会讨厌某样东西，这种讨厌与其他数百万人没有什么不同，而这就是发明的关键。根本问题就是发现市场中的问题，并拥有解决问题的方法：技术、意志和资金。观察你的企业和市场，问问自己：“我们在哪里可以消除摩擦，尽可能使消费者体验变得更好？”

08

# 现实世界中的艰难抉择

我们明白，完美只是理想状态，在现实中永远不可能实现。这倒不是因为我们愚蠢或懒惰，而是因为世界本身在不断变化。即使是一个小企业，它也是一个复杂的实体，根本不可能使公司的每个方面和运作都达到完美。

除了这些还有一个原因：经营企业就是在找平衡。当你更加侧重经营的某一方面时，其他方面就有可能变得不尽如人意。在这个时候，厌恶也会悄悄出现。举个例子：老话说每个服务行业都关注价格、效率和质量，你可以拥有三者中的两个，但绝不可能三者兼得。如果你想要高效率和高质量，那么价格也会随之上升；如果你想要低价格和高质量，那么效率必须降低；

如果你想要低价格和高效率，那么质量只能受到影响。你永远不可能同时拥有高质量、高效率和低价格，这是不可能实现的。

除了以上列出的三个方面，我们必须再加上一个：道德。如今的顾客不仅仅只关注他们想要购买的产品，也越来越关注生产产品的企业有着什么样的文化。当然，你可以以低价生产最好的运动鞋，然后迅速交货。但如果在实现这一目标的过程中，你的消费者了解到它们是在血汗工厂生产的，那么他们会非常讨厌你的公司。

也就是说，无论你选择侧重哪些方面，你能博取欢心的消费者恰好是那些和你有同样选择的人；同时，对于那些你没有按照他们的想法提供服务的消费者来说，你会招致他们的厌恶。

这样的例子比比皆是。航空公司属于服务行业。他们提供机场间的往返运输服务，质量、效率和价格因素都要考虑进来。这里我们所说的质量，是指乘客所享受的舒适程度，因为除了舒适度以外，每个航班提供的服务都是一样的——把你送到你想去的地方。

## 西南航空公司的登机程序

美国西南航空公司（Southwest Airlines）成立于1971年，是一家低成本的航空公司。这意味着他们的目标是以最低的成本和最大的便利性将消费者从A机场送到B机场，同时也要满足所有的安全标准。他们关注的焦点是效率和价格。质量，即许多其他航空公司提供的额外服务，被他们排到了第三位。

该航空公司的一大特点是不再给乘客指定座位。乘客只收到一个座位区域的分配，即A、B或C区域。通知乘客所在的区域登机时，他们可以在飞机上选择自己区域的任何空位。分析表明，这种方法可以实现快速登机，节省登机口关闭的时间。而在航空业，时间就是金钱。这种做法一直持续到2007年，当时航空公司发现这个登机系统给乘客带来了不便——乘客们早早地就到了登机口，以便在排队的队伍中占据一个位置。为了减轻乘客必须提前到达登机口的压力，西南航空公司修改了登机程序，引入了一个号码系统。每个乘客除了和以前一样收到A、B、C其中的一个字母，同时还会收到1至60之间的一个数字。等到登机的时候，乘客在他们所在的字母队列中按照数字编号的顺序排队，然后像往常一样自由地选择飞机上的空位。电视科普节目《流言终结者》(*Mythbusters*)2012年所做的一项研究表明，这是目前非头等舱乘客登机最快的方法。平均算下来，西南航空公司的登机时间比大部分航空公司采取的从后向前的登机方法快10分钟。[1]

不习惯或者讨厌这种制度的乘客一直称它为“叫牛”(cattle call)。一直有消费者厌恶西南航空的这种登机方式，但该航空公司认为，指定座位的方式虽然能赢得更多的喜爱，但会加大乘客的花销，最终可能会让公司失去许多乘客。因为西南航空的品牌定位和核心价值是“经济实惠的旅行”。

西南航空还采取其他一些措施提高乘客的便利程度。美国大多数航空公司都会向乘客收取托运行李的费用，但西南航空允许每位乘客免费托运两件行李。如果乘客想在最后登机前改签机票，西南航空也不会收取任何变更费用，甚至在登机前10分钟依然可以进行改签。

你可能会感到吃惊，但根据统计数据，西南航空的消费者投诉量的排名接近最后（排名越靠后代表企业获得越高的消费者评价）。[2] 1987年以来，美国交通部（the Department of Transportation）开始追踪消费者满意度统计数据、发布《航空旅行消费者报告》（*Air Travel Consumer Report*）。在所有向交通部报告统计数据的美国主要航空公司中，西南航空一直是人均乘客投诉比最低的。

他们是如何做到这些的？因为西南航空做事是透明的，他们兑现了自己的承诺。公司在2019年已经拥有1.341亿位消费者。他们的消费者知道可以对西南航空抱有什么样的期待，也理解并接受它做出的取舍。

你在经营企业时所做出的选择总会招致一些顾客的厌恶。解决这个问题最好的办法是如实地告诉他们应该对服务抱有什么期望。毕竟，在充分了解并自愿接受之后，人们要是再有所抱怨就显得没有道理了。消费者可能讨厌很多东西，比如“叫牛”式登机方式，但他们最讨厌的是被欺骗。

## 臭名昭著的宜家说明书

瑞典跨国企业集团宜家以其自行组装的家具、厨房用具和家居饰品而闻名全球。1943年宜家家居在瑞典成立，自2008年以来一直是全球最大的家具零售商。该公司最出名的就是对成本控制的不懈追求，令其能够以最低价格出售家具。如果你认识一个住在自己的第一套公寓里的大学生或年轻人，你几乎可以确定他的家具来自宜家。

为了降低制造和运输成本，宜家的大部分家具在销售时都是散件，顾客必须在家里进行组装。“拆装”（knock-down）是一个工业术语，指拆卸产品，让产品以更容易和更便宜的方式运送给消费者。宜家把这个策略运用到极致，这正是宜家家具如此实惠的重要原因。

为了使顾客能够组装产品，每件产品都有一套说明书和完成组装所需的简单工具。由于宜家是一家全球性公司，为了节省印刷成本，他们在设计说明书时只用图片，不用文字。这样一来，尼泊尔与美国的顾客就可以使用相同的说明书。

显然，这种仰赖消费者自己动手的做法降低了消费者体验的质量——特别是在消费者对比许多参与竞争的家具零售商所宣传的免费送货和安装服务时。不过宜家的说明书已经取得了近乎神话般的地位，并且这一点也得到了公司自己的认可。

宜家的包装副经理艾伦·迪克纳（Allan Dickner）告诉《快

公司》（*Fast Company*）杂志的记者："瑞典的一家报纸将宜家（家具组装）描述为介乎于土木工程和驾驶潜艇之间的东西，我认为这个描述恰如其分。"[3]

相比其他要求消费者自行组装的家具零售商所提供的让人晕头转向的安装说明书，宜家精心设计的说明书同样令该公司从中获益。借用温斯顿·丘吉尔（Winston Churchill）的名言，宜家可能是我们拥有的最糟糕的自组装产品设计，但仍比其他的产品要好。

也许是意识到顾客因组装而产生的厌恶情绪逐渐增多，2017年宜家以未披露的金额收购了零工经济服务公司跑腿兔（TaskRabbit）。当时，约有6万名"跑腿者"使用该平台与拥有零工需求的人进行联系，这些服务包括送货、家政服务，以及组装宜家家具。

宜家首席执行官杰西帕·布罗丹（Jesper Brodin）告诉《纽约时报》（*The New York Times*）记者："在日新月异的零售环境中，我们不断努力开发、改进产品，提升服务水平，让顾客们的生活更加轻松。借助以需求为基础的共享经济使我们能够达成这些目标。"[4]

自然而然，宜家在2018年宣布将在美国西海岸的两家商店为顾客提供"跑腿兔"服务。据商业新闻网站《商业内幕》报道，加利福尼亚州埃默里维尔（Emeryville）和东帕罗奥图（East Palo Alto）宜家商场的顾客可以在结账后预约工作人员在他们回家后上门组装家具。顾客可以从列表中选择他们所购买的宜家产品，并得到一份关于组装费用的报价。[5]

我们在灵活、创新的公司身上可以一次又一次看到这种行事风格。他们围绕自身特色制定了一套坚实的商业策略——以宜家为例，他们的特色就是提供最低价格的时尚家具。但消费者总有痛点，还是以宜家为例，消费者的痛点就是自行组装（事实上，宜家的大型店面被故意设计成一个似乎没有尽头的迷宫，为的是让顾客走遍商场的每个区域，这是消费者更大的痛点。不过我会把这件事放到另一章来讨论）。值得称赞的是，宜家准确地发现了这一点，同时也正确地意识到将产品组装的工作交给顾客，也是他们的产品营销中不可或缺的一部分。他们不能接受取消“扁平化封装”和没有文字的安装说明书，也不能接受每年组装和运输数百万件家具的额外费用。于是，他们选择让顾客更容易地为组装家具付费。这个做法缓解了消费者对该问题的长期厌恶，同时维持着有利于消费者喜爱的平衡。这正是商业游戏的主旨：在减少厌恶的同时增加喜爱。

## Facebook不在乎厌恶，也因此被厌恶

Facebook是世界上最大和最有影响力的社交媒体平台。到2021年初，这个由马克·扎克伯格（Mark Zuckerberg）和他的大学友人在2004年创立的互联网巨无霸，已经覆盖了地球上几乎所有的工业化国家，并拥有28亿月活跃用户。在所有社交媒

体平台中，Facebook的活跃用户数量最多。许多人每天花几个小时滚动浏览他们的订阅。对他们来说，Facebook不仅仅是一个社交媒体平台，更是一种生活方式。

长期以来，Facebook一直坚称它不是内容发布者，而是一个科技公司，像一个自由的社区公告牌，你可以在那里发布任何东西（除了裸体，这很容易被识别和删除）。长期以来，它一直反对对用户发布的内容进行更严格监管的请求。从一开始就很清楚，扎克伯格把增长看得高于其他所有需要考虑的因素，而对平台上的言论进行筛选则会压抑其快速增长的势头。

极端主义分子们意识到，Facebook是一个不经过筛选就能直接触达人群的平台。于是他们被吸引到这里，从而将Facebook从一个可以与家人和朋友进行社交的空间，转变成一个观点，甚至是宣传的战场。

问题在于，在社交媒体上，一个人喜欢的东西正是另一个人所讨厌的。这种情况与市场上一般情况下的品牌认知不同，在市场中我们可以很容易确定大多数消费者喜欢什么和讨厌什么。比如麦当劳的顾客喜欢吃热的、脆的薯条，不喜欢吃冷的、软的薯条。他们喜欢动作麻利、有礼貌的服务员，讨厌粗鲁暴躁的服务员。这些问题都很容易发现，解决起来也不难。

而社交媒体的“产品”则是由用户自己生产的，缺乏质量标准，甚至连“真相”和“谎言”的区别都很难说清楚。在Facebook上，发布的威胁性内容很容易被识别出来，比如你在

Facebook上发布"我想杀了某某人"，公司会将其删除，警察也会上门找你。这类问题对于社交媒体公司来说还算简单。但观点是主观的，特别是涉及公众人物时。例如，用户发文说，一个当选的官员是最糟糕的人，他可能是罪犯，可能是间谍，可能是这个或那个……这些话都是可以被允许的自由言论。但是，那些恰好喜欢这个公众人物的用户一定十分讨厌这样的言论。而他们的憎恶不会只针对发表这些或真或假言论的人，他们也会怨恨这家公司，因为它允许这种言论存在。

"Facebook这样的公司在处理仇恨言论方面遇到了挑战，"斯坦福大学法学院互联网与社会中心（Stanford Law School's Center for Internet & Society）的法律研究员瑞恩·卡洛（Ryan Calo）在2010年对美国全国广播公司（NBC）记者说："他们要在全球范围内挑选内容上的流量王者。如果他们因为帖子的内容冒犯了某个群体而将其删除，其结果是这种做法也会冒犯到另一个群体。"[6]

许多Facebook最忠实的用户对该公司既爱又恨。以下是2011年一名匿名青少年在Teen Ink的网站上发表的内容：

"我讨厌Facebook。我在撒谎，我讨厌的是我喜欢Facebook。我和其他5亿名活跃的用户一样，对Facebook有一种痴迷……这是一种上瘾。Facebook就像一个邪教，它的帝国不断壮大，每天吸纳数以千计无助的新用户，获取这些'受害者'越来越多的信息，让他们无路可逃，消费他们的人生。然而，我们似乎对此并无异议。”[7]

随着时间的推移，一些世界级领导人开始将该平台作为与公众直接沟通的一种方式。有时，他们会发布一些被Facebook执行标准判定为仇恨言论的内容。分析者们越来越确信Facebook正在花大力气来控制其产品，但这么做只是为了安抚那些对它有诸多不满的批评者。面对这些滥用权力的领导人，扎克伯格在决策上的模棱两可是有道理的——如果我们将这种情况视为他商业模式的一种衍生物。“这家公司的目标是让人们留在平台上，”2020年10月安德鲁·马兰茨（Andrew Marantz）在杂志《纽约客》（*The New Yorker*）上写道，“其中也包括了一些铁腕人物和他们最狂热的追随者，这些人的煽动性言论往往会引起超乎寻常的参与热度。”[8]对于Facebook来说，其收入来自广告和其他具有高参与度的内容，而煽动性的内容恰恰能够产生这样的效果。

Facebook之所以能够生存和发展，是因为用户愿意忍受他们讨厌的地方，以便享受它带来的好处。正如克里斯蒂安娜·席尔瓦（Christianna Silva）在2021年3月为互联网新闻博客Mashable所写的那样：“对很多用户来说，他们并不是不想删除Facebook账户，而是因为Facebook已经与他们的网络生活交织在一起，没有办法真正地摆脱。离开Facebook就等于改变他们与互联网互动的方式……无论我们是否愿意，Facebook如今已经成为我们互联网DNA的一部分。”[9]

像许多其他依赖不断增长的消费人群的企业一样，Facebook已经做出了这样的计算：虽然它可以，甚至是应该，对明显冒犯他人的内容进行管理，但它宁愿接受一部分用户和利益相关者（对该公司持高度批评态度的美国国会议员也包括在内）的厌恶，以换取那些从该平台上获益并对此表示喜爱的人所带来的广告费。

## 厌恶之旅

为了控制消费者对你的公司或品牌的厌恶程度，你需要仔细收集相关信息，了解它，然后努力减少它。前两个步骤不能是被动的，你的公司必须积极主动地寻求消费者的反馈。他们的意见不会被放在银盘上交给你，特别是当你是无法直接接触消费者的首席执行官或经理时。你需要发掘消费者的意见，重视每一个差评或投诉，并将其视为一个可以做得更好的机会。

那些最好的企业会在自己的关键接触点上定期进行“厌恶之旅”，弄清楚并直接观察和消费者是如何与他们的企业进行接触的。

“厌恶之旅”这个名字可能很幽默，但它的目的却是严肃的。你可以到竞争对手的网站或实体店去。你需要睁大眼睛，竖起耳朵。你可以假装自己是一个普通的购物者，买点小东西，注意所有的接触点和它们带给你的感觉。

如果你是一家餐厅的经营者，你应该以顾客的视角来观察他们的感受。比如，餐厅的入口处看起来怎么样？我们曾与一家连锁餐厅合作，他们餐厅的门一直脏得令人作呕，这向顾客传达了这家餐厅可能不卫生的信息。

你经营的餐厅让顾客感觉怎么样？看起来怎么样？闻起来又怎么样？在这个非常重要的接触点上，总体的体验情况怎么样？

## 《卧底老板》：首席执行官在战壕里体验生活

我最喜欢的电视节目之一是《卧底老板》（*Undercover Boss*）。这个真人秀节目有一个简单的背景设定：一家大公司的首席执行官或高层管理人员被派往该公司的某个分支营业点做最低级别员工所做的工作。为了避免被人认出，首席执行官用上了假发、眼镜、文身来伪装自己。在为期一小时的节目录制中，首席执行官可能缺乏他临时职位所需要的工作技能，但他也会和其他员工肩并肩一起工作，亲自为顾客服务。减分项和加分项各自累积。无一例外，这些首席执行官会惊讶地发现，他们对员工的日常工作以及他们与消费者的互动所知甚少。

有一集令人印象深刻，参与者是美国最大的汽车餐厅之一Checkers & Rally's的首席执行官里克·席尔瓦（Rick Silva）。席尔瓦的第一个任务是在佛罗里达州霍姆斯特德（Homestead, Florida）的一家餐厅工作（每个节目通常有四个任务）。在这期节目中，他对总经理对待员工的侮辱性态度感到震惊。席尔瓦在餐厅的油炸区与一个名叫托德的员工一起工作，托德梦想成为一名厨师。经理叫史蒂文斯，他刻薄地告诉托德闭嘴并且加快工作。有一次，史蒂文斯威胁说要把托德带到外面进行殴打，因为他工作不够努力。

当席尔瓦问托德为什么允许自己受到如此恶劣的对待时，托德回答说，他必须保住工作，这样才能养活母亲。他担心如果他为自己出头，就会被解雇。

席尔瓦非常生气。他把史蒂文斯约到外面，在经过一番不尽如人意的争论后，席尔瓦亮出了自己的真实身份。席尔瓦让震惊的史蒂文斯回家，当晚关闭了餐厅。第二天餐厅重新开门的时候已经有了新的总经理，而史蒂文斯则被安排去接受更多培训。

席尔瓦将这位经理出现不良行为的责任归到自己头上，说这是他作为首席执行官的错，因为公司应当安排适当的培训程序。席尔瓦还给托德发了15000美元的奖金用于照料母亲，以及另外一笔用来上烹饪学校的额外资金。

发现导致厌恶之处，并解决这些问题，你的生意就会兴旺起来！

## 行动起来！

完美是一种永远无法达成的理想。你不可能同时实现价格低、服务快、质量好、道德高。实现其中的一个方面，就会让另一个方面做出牺牲，进而带来消费者的厌恶。

因此，企业经营是一门寻找平衡的学问。作为一个决策者，你必须优先考虑你想让消费者喜欢你什么，并尽量减少由此所产生的负面效果。然后，你必须精心设计营销工作，使之与实际情况保持一致。如果你向消费者直截了当地说清你的价值所在以及希望消费者容忍的不足之处，消费者的厌恶就会因此而减少。

09

# 消费者体验危机处理小队的宝贵经验

在我与全球品牌合作的职业生涯中，我经常接受在消费者体验计划失败后进行补救的任务。当我进行这项被我称为“消费者体验危机诊断”（customer experience hazmat triage）的工作时，我以一种非常务实的方式，了解到哪些错误是具有代表性的。

不过，在继续讲述之前我需要坦白一件事情：我自己也犯过很多类似的错误。作为一些大公司的顾问，和其他许多专业人士一样，我也曾经相信所谓的“消费者体验最佳实践”。但是当我开始为这些失败的计划采取补救措施时，我看到了所谓的最佳实践的真实结果。这些见解改变了我帮助客户提升消费者体验从而更好地领导市场的方式。

以下是在消费者体验领域一些尚未得到解决的关键挑战。

## 消费者体验焦虑症

“焦虑症”（dysphoria）这个词的意思是“一种不安或对生活普遍不满意的状态”。用在消费者体验的语境中，指的是消费者的喜爱被厌恶所破坏时的心烦感觉。你希望消费者体验更好，但事实并非如此，而你对于做出改变却无能为力。

为什么消费者体验会让人患上焦虑症？这主要是因为企业并不真正知道他们到底有多糟糕。更简单地说，他们意识不到有多少消费者充其量只是不在意他们，又有多少消费者讨厌他们。

有很多企业都过高地估计了自己的实际表现。

贝恩咨询（Bain & Company）最近对362家公司的消费者和高管做了一项调查，只有8%的消费者将他们与公司互动的经历描述为“卓越”。然而，在这些接受调查的公司高管中，有80%的人认为他们提供给消费者的体验可以评得上“卓越”。

这个差距令人震惊。

提升顾客参与和运营表现的软件开发公司，也是行业领导者之一的佩格系统（Pegasystems）做过一个类似的研究。他们让领导和员工对自己企业提供的服务质量进行评分，级别从

“糟糕”到“优秀”。然后，他们让消费者按照同样的评分标准对消费者体验进行评分。

结果呢？

- 40%的公司领导将公司服务评为“优秀”。
- 23%的公司员工将公司服务评为“优秀”。
- 10%的消费者将该公司的服务评为“优秀”。

通过数据可知，把服务质量评为优秀的员工数量是消费者数量的两倍多，企业领导数量则是消费者数量的4倍。这表明了一个事实，即企业普遍对自己提供的服务过于自信，且越是接触不到消费者的职位，和消费者的评分差距就越大。一线员工自负的程度较轻，而那些可能没有机会接触到消费者的高管的自负程度则是非常严重。[1]

接下来我要探讨这项调查展现出来的另一个问题：许多消费者不愿意直接向公司表达不满。他们没有说出自己的不满，而只是耸耸肩：“好吧，又遇上了一次糟糕的服务。我能怎么办呢？”但当第三方研究人员问起时，消费者突然愿意敞开心扉：“是的，某某公司提供的服务太糟糕了。我再也不在那里购物了。”与此同时，该公司的高管们可能正在牙买加的某个度假胜地度年假，对消费者有多讨厌他们一无所知。他们像美国幽默杂志《疯狂》（*Mad*）虚构的人物阿尔弗雷德·E.纽曼（Alfred

E. Neuman）一样重复着口头禅："我能担心什么呢？"

我猜你想说，企业的高管、领导和董事会成员认为自己提供的消费者体验远比实际情况好也是在意料之中的事。回过头来再看看我们收集顾客评价的方式，就会发现，我们所用的调查问卷、净推荐值和其他工具，它们的设计中都隐含着一个前提，那就是"我们很好"的偏见。虽然用这些信息制作出来的图表和演示文稿让人看着赏心悦目，但从这些过时的评价系统中收集到的信息往往是没有用的或完全是误导性的；而且最重要的是，它没有就如何让顾客拥有更好的体验提供任何具有可行性的见解。我们只是过高地估计了自己的表现。

## 消费者体验的行业霸主

在一个由消费者体验行业霸主构成的系统中，那些公司及其领导者显得比他们实际的表现更好。这是我们需要改变的第一件事。我们需要改变他们（通过不同的怀有好恶情绪的人们）洞悉消费者真正关切的方式。在整个消费者体验的过程中，无论是数字的还是实体的，消费者体验都是失败的，因为我们所使用的这个系统不是在今天高度竞争的时代环境中所创造出来的。

在我称之为C-19（疫情时代）的经济环境中，今天的消费者已经"高度消费化"。他们习惯于点击几下鼠标，就能在几个小时内在门口收到商品。消费摩擦是这件事的杀手。但是对大多数企业而言，消费摩擦已经深深烙进了整个系统，尤其存在于他们向消费者提供体验的方式之中。

消费者体验不佳的另一个原因是，我们目前正处于一个高度竞争的时代。在过去，我们只是与某一个对手竞争。而今天，新的经济模式和价值模式不仅取代了我们的竞争对手，而且改变了向消费者分配价值的方式。这意味着，竞争实际上来自四面八方。在过度竞争和过度消费的时代，差异化才是我们在消费者消费过程中提供体验的方式。

## 聚焦获客，而非留存

导致消费者体验不佳的还有一个主要原因：企业试图补救因欠佳的消费者体验所导致的消费者流失。事实上，今天的大多数企业都很痴迷于获得新消费者。在某种程度上，这确实是有意义的。毕竟，我们的业务就是获取和服务消费者。问题是，他们过于专注如何获得更多的消费者，以至于忽视了对消费者留存和消费者推广的关注。我们时常可以看到企业用于获取新消费者的预算是消费者维护和推广的10倍。在一个高度竞争的时代，我们把钱完全花在寻找更多的消费者上，而我们现有的消费者却一个接一个地离开——这是件令人惊诧的事情。消费者流失对企业来说不是小事，而是一个巨大的问题，然而它却被普遍地忽视了。我们正在失去消费者，因为我们一直在做他们讨厌的事情。

消费者体验无外乎是一种创新活动。当我们理解了这个体系，并且认识到创新的超能力，我们必然可以看到这项新研究如何对企业所享受并驱动的可持续增长和盈利方式产生难以置信的影响。

## 获得准确的消费者洞见，并据此采取行动

很多企业都喜欢使用那种随处可见的、过时的净推荐值和调查问卷，因为它们是令人心安的选择，也是这些企业以为的最佳做法。毕竟，从来没有一个经理会因为使用了同行也在使用的消费者满意度调查工具而被解雇。但问题是，这些评分系统并不能带来可行的创新以提升消费者对公司和服务的体验。净推荐值和调查问卷，以及其他老式的方法，可以作为数据点使用，但仅此而已。

正确的做法是优化我们在获悉消费者洞见方面投入的时间和资源，将提供卓越消费者服务的流程前置化。我使用的方法中一个取得巨大成功的例子是：消费者体验黑客马拉松。

### 消费者体验黑客马拉松

在这个活动中，我们找来那些面向消费者的利益相关者，并且通过一个创新和构思性的活动，让他们帮助我们建立起厌恶和喜爱我们的消费者的形象。然后我们在5个接触点上创造出新的有好有坏的体验。我已经进行了数百次消费者体验创新

黑客马拉松，这些活动随后产生了数千万美元的企业价值。你猜怎么着？消费者洞察并不是来自某个精英顾问或者缺乏意义的调查问卷，而是出自每天起床后为企业服务的员工。

我们可以对自己使用促销信息、调查问卷以及所有已有认知的方法进行理性和周详的调整，来修正我们的消费者洞察，正如我们需要更有辨别力地汇总这些信息。我们绝对需要增加更多的新方法，以获得更加有趣以及具有可操作性的洞察，这些洞察可以立即转化为新的创新，这正是那些最优秀的企业正在做的事情。

只有最差的企业才依靠调查或其他一些开机即用的软件解决方案来敷衍了事。然而，消费者洞察不是技术堆栈、软件解决方案或任何一种机器设备。当然，那些做法会有点儿用，但如果我们依赖这些东西，而摒弃了人与人的联系，就是在自找麻烦。

## 适当的消费者体验技术

现在来谈一下我在进行消费者体验危机诊断时经常发现的第二个大问题。当我们认真审视那些赋能技术（Enabling Technology）——比如大多数的消费者体验工具——会发现它们要么是风险管理工具，要么是营销工具，要么是报告工具。很少有技术或软件解决方案能够提供让我们掌控消费者体验并引领市场的洞察和见解。

有一点需要澄清，我会经常向我的消费者推荐各种技术，但这些技术应该总是起到积极作用，而不是消极作用。我的意思是，我们需要利用这些技术来了解他们喜欢什么和讨厌什么，我们需要使用技术来增加与消费者的接触。我们不仅需要利用技术找到方法对消费者进行追加销售、交叉销售和推销，还要改善他们的消费体验。在研究中我们发现许多企业被推销员说服购买了糟糕的工具。因此，他们的惨痛失败也就是可以预见的了。

## 协作为王

在我们的那些灾难性行为中，不论是与团队成员还是与消费者，几乎总能发现协作方面的问题。这是企业的一个大问题，因为有些企业似乎是真的在躲避他们的消费者。他们对消费者在5个接触点上的体验的真实了解之少令人震惊。

例如，我们与一家汽车经销商进行合作的时候，发现这家经销商并没有意识到消费者是多么讨厌他们的服务部门。他们的销售人员一直非常努力地工作，以提供良好的消费者体验，但服务部门里却有8名员工以轻慢的态度对待他们的顾客！他们为了吸引顾客，为了提升前端客户体验所花费的资金，都在第一次换油的时候打了水漂。

**5个接触点**上的消费者体验必须都是卓越的——这需要各部门和团队成员之间的合作，而他们在某些时候会与同一个客户进行互动。

我们曾经与一家为餐馆制造设备的大型企业合作，他们的营销团队、销售人员和首席执行官都很棒。但不幸的是，他们的保修部门却很糟糕。经常有忠实的消费者在保修期内将设备送去维修，但却得到糟糕的体验，本来很开心的消费者马上开始讨厌整个公司。销售人员则没有办法知道这一点，他们找不到消费者离开的原因。

接触客户的各部门之间的合作是必不可少的，这样你就可以在所有的接触点上构建一个创新的战略。

我们发现的另一个重大隐患是，企业要么缺少对员工的消费者体验培训，要么在某些情况下对员工进行错误的培训。现在，有两种方式来看待围绕消费者体验和消费者服务的利益相关者培训。有一些公司聘请培训公司，基本上只是培训自己的员工不能再以轻慢的态度对待消费者。

## 分层培训的力量

很难想象，大企业的领导人会天真地认为，要解决消费者体验的问题，他们唯一需要做的就是培训面向消费者的利益相关者，提供消费者喜欢的东西。如果你想在消费者体验和创新方面成为真正的佼佼者，培训是必需的，这是绝对毫无疑问的。但这并不是你唯一要做的事情，如果你不对消费者讨厌的地方做出改变，所有的培训都是白费。很多企业提供的消费者服务培训都不是针对具体工作的，甚至与企业文化和行业文化都不相关。我们的研究证明，在一个企业中打造消费者体验核心竞争力的最佳方式是将其分成三个层次。

### 1. 消费者体验大师培训（策略培训）

企业文化从高层开始形成，并且一路向下渗透。一个监督消费者体验战略（customer experience strategy，CXS）实施的行政职位，即首席体验官，它的兴起正在让消费者体验进入企业最高层的结构和目标当中。许多企业需要对其核心系统进行整体改变，将消费者放在中心位置，并围绕他们打造令人难忘的体验。企业的每个成员都需要知道他们的工作是如何影响企业的，以及最终构成企业的下限——对这个问题的思考应该从最高层开始。

这个级别的培训针对的是企业内部最终决定消费者体验的最高层管理者。它的目的是提供必要的技能，建立消费者体验创新领域的核心竞争力。这包括了对利益相关者幸福感的影响、创新渠道管理、对消费者体验的设计，以及全面的消费者体验领导技能。

整个消费过程的体验都应该是卓越的，这是因为即便员工在个别接触点上与消费者互动良好，整体体验仍然可能是糟糕的。唯一能够纵览全局的人是高层管理者，他们必须有清晰的愿景以及将其变为现实的意愿。

### 2.消费者体验倡导培训（经理培训）

这个培训面向经理级别的面对消费者的利益相关者。培训的目的是提供可付诸行动的洞见，以支撑优质的消费者体验。这个培训是非常全面的，因为它针对的是全球视野下的消费者体验管理。培训者在接受大师培训之前必须先通过本培训。

这项培训需要耐心和决心，管理者要能够以消费者的眼睛来观察世界，要“以消费者为中心”来重新设计创造价值的机能。管理任务的执行要以顾客为中心，而不是以企业的考虑为出发点。

颠覆性的技术和激烈的市场竞争使消费者在购买商品和服务时有了前所未有的权力来提出想要的体验要求。研究发现，超过70%的消费者希望在网上联系后的5分钟内得到解决问题的服务。他们希望有一个简洁的消费者体验，并希望每个企业都能提供与亚马逊和谷歌等行业领先者同等的即时性、个性化和便利性服务。

### 3.消费者体验冠军培训（面向消费者的培训）

这项极其重要的培训所面对的问题包括同理心、沟通技巧、参与技巧和冲突处理。这项培训在利益相关者的生活质量以及他们所提供的消费者体验之间建立了联系。培训者在接受倡导培训之前必须先通过本培训。

正如你了解到的，紧贴员工的消费者互动方式和消费者体验部署与策略的培训工作是极其重要的。

完美的消费者体验取决于一个集体的、企业范围内的信念，以及服务消费者真正需求的使命感。企业必须通过一个简单而有力的表态将这个使命传达给每位员工：一个真实并且符合公司品牌价值主张的共同愿景和渴望。例如，迪士尼公司的共同目标就是如此："我们通过为世界各地所有年龄段的人提供最好的娱乐来创造幸福。"

正如迪士尼在其专业发展培训课程中所教授的那样，该公司创造"神奇的宾客互动"的关键源于其共同目标。例如，在主题公园（最注重客户体验的业务部门），迪士尼演员明白他们的主要目标是创造幸福——迪士尼称之为"神奇时刻"。从公园的迎宾员到接待员的吸引力，再到后台支持角色的人，他们对客人互动做出的每一个决定都集中在"创造幸福"上。[2]

培训是关键。当员工能够清楚地看到他们的特定角色是如何融入大局的，他们就会更有能力满足甚至超越消费者的期望。

## 行动起来！

你的企业是由许多活动的“部件”组成——也就是具有独立思想的人所管理的各个部门。在你识别和减少消费者厌恶来源时，第一步是发现和认清现实。但仅仅这样是不够的。下一步是确保每个为你工作的人都与领导层提出的使命和价值观保持一致。在这里，自我意识是关键。你的员工必须了解并且理解企业的优先事项，并愿意为可衡量的结果而努力。

所有层级的培训都很关键。不要把它当作一种成本，要把它当成对未来企业成功的投资。

# 10

# 你的员工会创造喜爱

当企业试图找出消费者流失的根源时，他们都会问一个简单的问题："还有什么是我们没有做到的？为什么消费者对我们的喜爱那么少？"

他们意识到自己的消费者体验计划不起作用。他们的消费者并不比在开发和部署他们自以为全面的消费者体验战略之前更加快乐。那么，到底缺少的是什么呢？当然，如果不对他们的具体举措进行评估，就不可能回答这个问题。但很多时候，我发现问题出在公司自身的文化上。我想说的是，幸福是可以传染的，它很容易在人与人之间、员工与消费者之间传播。反之亦然：员工的痛苦同样具有传染性。闷闷不乐、不敬业的员工会制造出同样闷闷不乐、不配合的消费者，从而流失自己的业务。

所有企业，无论大小、盈利还是非盈利、B2B还是B2C，都必须有自我反思的能力，看到最本质的东西。他们必须看到消费者所看到的东西，做到这一点是必需的、无条件的。

要想建立一个以“幸福的员工创造幸福的消费者”为宗旨的企业，从基础开始着手是不错的选择。

## 定义积极的消费者体验

什么是积极的消费者体验？这里有一个非常简单的定义：

积极的消费者体验是为你的企业和消费者创造新的价值。（Positive customer experience is the creation of novel value that serves your organization and your customers.）

就是这样。这就是积极正面的消费者体验。我们知道，如果一个消费者体验创新项目不能创造出具有可操作性的活动，也没有在消费者满意度和忠诚度方面起到推动作用，那么它就是失败的。

当我们剖析上述定义时，我们看到有些部分需要更多的解释。

在定义的上半部分，“novel”这个词的意思是“新的”。它不需要是那种在宇宙中从未出现过的“新”，只需要对你的企业来说是新的，或者是一种新的应用方式。

**“价值”**（value）是最难定义的，因为它有一系列的广泛含义。它可以是渐进式的，可以是标志性的，可以是突破性的，也可以是颠覆性的。最好的企业能够实现跨越价值组合的消费者体验创新。换句话说，渐进式的创新是很重要的。经过一段时间的应用，它们会成为管理持续性进程和延续体验价值的绝佳方式。但当我们进入那些更高价值的领域时——其特点是更大的突破和重大创新——我们需要不同层级的价值整合在一起，以便拥有一个跨风险和回报的多样化投资组合。

## 专注于使命

该定义的另一个组成部分是你的企业的使命。如果一项活动没有为你的使命服务，它可能不是你应该做的事情。好消息是，如果它为你的使命服务，它可能也会为消费者服务。换句话说，如果你能找到新的方法，使你在创造消费者体验的过程中更加有效和高效，你就可以节省资金，而这种节省可以传递给你的客户。这些因素会共同发挥作用，所以我们必须再次定义消费者体验的本质：一种创新活动。有些人难以实现创新，也很难让消费者体验成为现实，我对消费者体验的定义与他们不同。

你的员工向你的客户传递你公司的使命。如果你的员工了解这个使命并相信它，那么他们就会更加投入，并有动力向他们的消费者扩散这种好的共鸣。这种差异将影响你企业的下限。

已经有许多研究表明积极的文化和高绩效之间的相关性，其中一个例子是1998年以来，《财富》杂志的“100家最适合工作的公司”（一个具有强大文化的公司的良好代表）的表现超过了标准普尔500指数的2倍之多。[1]

还算不错！

现在我们来看看其他需要讨论的东西。

## 增强幸福感的策略

一件大多数企业没有做到的事，是他们没有将幸福感作为企业策略。这也是他们没能向消费者提供优质消费者体验的原因。

将幸福感作为一项企业策略是很有必要的。

当我写第一本关于消费者体验的书《极致用户体验》时，我惊讶地看到由消费者提供的Yelp评分和由员工提供的Glassdoor评分之间直观的因果关系。企业家自己也可以看到，消费者与员工发布的评价是一致的。我们不应该忘记一件事，这也是我在本书中反复强调的：如果我们想提供愉快的消费者体验，我们首先需要创造一种幸福的企业文化。

在不断研究的过程中，在数以千计的公司身上，我反复见证了这一点。很多时候，这是一种始于首席执行官，甚至是董事会的文化。换句话说，董事会和首席执行官对利益相关者（包括员工、供应商和消费者等群体）的幸福感负有绝对的责任。因为如果他们不支持利益相关者群体，企业就不可能在提供优质体验的过程中获得有意义和可观的进步。

另一件对于理解幸福感而言很重要的事情是，它是一种包容性文化的产物。这是一种能够接受差异的文化，这些差异是美好的，使得利益相关者和我们的消费者变得与众不同。如果没有对“包容”进行过认真的思考和交流，那么永远不会有幸福的企业文化。

## 让员工拥有发言权

绝大多数的利益相关者都希望拥有发言权。他们希望围绕他们将要负责部署的想法和项目进行合作。他们希望感受到他们所做的远比用时光所换来的金钱要更多。他们希望参与到一项有意义的事业中。他们希望他们的组织能够参与到他们个人的进化中来。最重要的是，他们想知道你的企业是否在乎为你的消费者提供真实和有意义的价值。

通常，大多数消费者体验计划会缺少以下关键的理念，从而导致可以预见的失败。

- 企业对消费者体验没有可付诸实践的定义。
- 幸福甚至不在企业的关注点上，把幸福感作为企业策略的想法几乎是不可思议的。
- 企业提供的消费者体验和创新活动是散乱且部署

不力的。企业内部缺乏对于消费者和利益相关者所关心事务的考量。

• 从培训的角度来看，企业没有对员工做针对工作岗位的培训，从而导致员工的困惑和游离。

• 企业没有一个正式的消费者体验策略，以确保设计出一个有合理衡量标准的整体解决方案。这个方案应该包括所有确保整个消费者体验生态系统发挥作用的必不可少的东西。

你喜欢前十名榜单吗？我喜欢。我做了一个十大清单，与你分享大多数组织在涉及消费者体验计划的成功、可扩展和盈利回报时通常遗漏的东西。

以下是我列出的十大导致消费者体验计划失败的糟糕原因及其解决方案。

## 十大消费者体验“杀手”及其解决方案

### 1. 没有正式的消费者体验创新战略

那些需要赢得顾客喜爱的员工常常因此变得茫然迷失，只能根据自己的想象提出关于积极的消费者体验的个人化理解——但那可能根本不是积极的。正如一个女服务员可能会误以为粗鲁待客是一种魅力。她以为别人会因为她“有活力”而喜欢上她。不，大家不喜欢她。他们可能永远不会把这件事告诉别人——除了他们在社交媒体上认识的所有人。

解决方案：制定并实施一个明确的、可衡量的消费者体验创新战略，并说明其目标、预期结果和衡量标准。这个策略必须是公司级别的，并且是每个面向消费者的员工培训的一个组成部分。

### 2.消极的公司文化无法提供优质的消费者体验

如果公司文化是腐朽的，任何消费者体验战略都不可能成功。许多公司展开了一些项目，是因为他们认为自己应该这样做，或者是因为某个顾问告诉他们必须这样做。而他们失败是因为员工认为这是一个笑话，或者他们只是假装接受这件事情。

解决方案：企业文化总是从高层开始，如果你是首席执行官，就应该通过明确的公司政策和有效的培训来奠定基调。你必须亲自示范一种积极的企业文化，把消费者放在第一位。在一个大公司里，你的直接下属，也就是管理层会跟随你，进而管理层的下属会追随他们，以此类推，直到企业文化渗透到接听电话和清洁地板的员工。

### 3.缺乏董事会和首席执行官层级的认可和支持

很多情况下，消费者体验创新项目只是一个“项目”，顶着一个响亮的名字大张旗鼓地展开、推进……然后由于缺乏实际支持而不了了之。员工耸耸肩，认为这只是另一个旨在“激励”

他们的口号。

解决方案：拥有一种积极的企业文化是好的，拥有一个计划也是必要的，但你必须有实际的支持来实现变革。将消费者体验创新计划纳入年度预算。给消费者体验培训拨款，并指派专人确保它在公司所有部门都是可行的，并且始终有效。

### 4. 对消费者体验的负责人没有进行战略培训

在办公楼顶层工作的人往往没有与消费者打交道的一手经验，或者至少在他们大学时期的暑期打工经历以后就没有。对他们来说，这个问题可能看起来很抽象，并不生动真实。这削弱了他们在这个问题上发言的可信力。

解决方案：对于学习一些如何使企业变得更强大的新事物，你永远不会太老——或者处在企业食物链太高的位置上。你要接受培训，了解利益相关者的幸福感、创新渠道管理、消费者体验理念和全面的消费者体验领导技能。

### 5. 没有对消费者体验经理进行倡导培训

经理们是企业领导和一线员工之间的关键纽带，如果他们没有完全沉浸在消费者体验创新战略中，那么该战略就不会有效。

解决方案：主管面向客户的利益相关者的经理们需要接受专门设计的培训，能够使他们提出可行的洞见来支持消费者体验冠军。这种培训需要是全面的，涉及全球格局下的消费者体验管理，特别要关注如何解决问题与冲突。

### 6.没有对面对消费者的员工进行冠军培训

没有培训就意味着与顾客的负面互动较多，厌恶增多，而喜爱却很少。如果你在麦当劳，你的汉堡端上来时又凉又潮，你不要责怪他们的首席执行官克里斯·肯普辛斯基（Chris Kempczinski）（你可能从来没有听说过他，他是在2015年上任的），也不要责怪这家餐厅的经营者。你要怪的是柜台后面的那个孩子，他在你的汉堡待在纸袋里的时候还在打闹。你的不高兴导致了销售量下降和收入损失。是的，厌恶是有成本的！

解决方案：这些员工至关重要，因为他们直接与顾客互动并进行销售。当他们被消费者挑剔时，整个公司也被挑剔。好的消费者体验过程从雇用合适的人开始。你可以教任何人把汉堡每面煎三分钟，但你不能教他们如何变得快乐。如果你雇用快乐的人，他们会很快接受培训，并在压力下更好地工作。

### 7.计划不完整并且进展不利

这是另一个例子——说明高层管理人员认为消费者体验创新计划会很好，但在部署和全公司参与的时候掉了链子。结果是分配的资金被浪费了，员工们对总部为“折磨”他们而设计的新计划感到愤慨。

解决方案：确保该计划不仅仅是一个“计划”，它需要成为公司日常运作的永久组成部分，并在一线员工、管理层和董事会层面进行定期的复盘。

**8. 相信过时的、所谓的“消费者体验最佳实践”**

很多公司生活在过去。他们没有跟上消费者体验创新逐渐加快的步伐，也没有跟上客户与品牌互动展现好恶的快速发展的方式。这造成了企业与市场的脱节、顾客的不安，以及最终的收入损失。

解决方案：倾听你的消费者的心声，特别是年轻消费者，对他们来说，新技术是一种司空见惯的事物。同时也要倾听年轻员工的心声，他们可能代表着新兴的趋势。仔细检视你的消费者统计数据，小心“奥兹莫比尔效应”（Oldsmobile effect），即你的品牌所吸引的顾客年龄越来越大，而年轻人却越来越少。

**9. 缺乏内部沟通策略**

有些公司常常在启动消费者体验创新项目时高调宣传，但却没有向每个员工和利益相关者“推销”它。很多时候，人们会故步自封，对创新项目持怀疑态度。这都是因为他们不想走出自己的舒适区！但由于利益相关者没有看到这件事对他们的好处，因此所有的努力就白费了。

解决方案：任命一位主管，由他负责帮助经理们了解消费者体验创新计划是如何以及为什么会帮助他们完成工作并产生更好的结果。建立一个反馈成功案例的论坛或渠道。要求该主管向执行团队汇报情况，而且是以社交媒体和其他可测量平台上有关消费者留存率和品牌认知度的数据为依据。

**10.伪装成消费者体验项目的技术采购**

仅仅购买一堆软件、一个新的电话联络系统或者一个消费者跟踪程序，然后就指望消费者体验变得更好，这是一种逃避行为。

解决方案：即使消费者体验在很大程度上是数字化的，就像在亚马逊网站上那样，你仍然需要人的眼睛通过理解数据来解释消费者与平台的互动。只有当技术与人的培训和持续的人工参与相结合时，技术才能成为一个有用的工具。

重要的是要记住，每一个问题都有一个解决方案！许多公司都被多年来积累的消费者厌恶所拖累，但最终还是变得更强大、更精进。通用汽车公司是一个很好的例子，当它在2009年宣布破产时，它体现着几乎能够被消费者讨厌的所有缺点：臃肿、傲慢、对消费者反应迟钝、对创新视而不见。但如今它又回来了，而且比以前更好。虽然它不再是头号汽车制造商——这一荣誉如今归属于大众集团（Volkswagen Group），其次是丰田（Toyota）、戴姆勒（Daimler）、福特（Ford）和本田（Honda），但它现在的汽车广受认可，甚至富有创新精神。2020年，这家受人尊敬的企业发布了奥特能（Ultium）平台，这是一个模块化、高度灵活的第三代全球电动汽车平台，由专有的奥特能电池驱动。该平台使得该公司能够争取目前市场上几乎所有的消费者，无论他们是在寻找经济实惠的交通工具、一种奢华的体验、一辆工作车，还是高性能的机器。

“数千名通用汽车的科学家、工程师和设计师正在努力推动公司的历史性重塑，”通用汽车总裁马克·罗伊斯（Mark Reuss）说，“他们即将推出盈利的电动汽车业务，满足数百万消费者的需求。”

很难相信，就在10年前，通用汽车还像是一只得了关节炎、无可救药的原始恐龙，处于被淘汰的边缘！

## 行动起来!

积极的消费者体验被定义为“为你的企业和消费者创造新的价值”。

问题的核心是，如果你的员工对公司和他们的工作充满憎恨，他们就不可能让你的客户心生欢喜。幸福感作为一项企业战略是必需的。如果你想提供快乐的体验，首先需要创造一种快乐的文化。

为了持续实现这一目标，你的企业必须有一个消费者体验创新计划。这个计划必须打造可执行的活动，并在消费者满意度和忠诚度方面取得进展。

# 11

# 消费者体验创新

在商业世界中，时刻都在发生一些令人不安的事情。

每一天都有企业意识到他们正在被竞争对手所超越。而新的竞争者带着全新的受到消费者绝对拥护的价值主张不断涌现，让竞争变得更加激烈。

那么，这些企业是怎么应对的呢？在一个规模巨大、变化巨大的时代，他们退回到“最佳方案”的剧本中，并试图使用上一年，甚至10年前有效的方法。当市场迎来剧烈颠覆的时刻，许多企业在一个崭新的时代中加倍地依赖陈规，其结果是毁灭性的——至少对他们来说如此。对于他们的竞争对手来说，这个结果却非常好！

为了理解正在发生的事情，我们首先需要理解何为颠覆。下面是一种不错的定义。

颠覆＝变化率 × 变化的规模

变化以不同的速率出现——或慢或快；它也以不同的规模出现——或小或大（如果这听起来像你在科学课上学到的关于电磁能的知识，你是对的，它们的原理是一样的）。你可以通过加快变化的速度或者增大变化的规模，从而加剧颠覆的程度。或者如同数字时代来临之后一直发生的那样，你可以同时增加速度和规模。

颠覆在三个关键领域席卷了整个市场。

### 1. 消费者预期

具有讽刺意味的是，随着企业在满足消费者预期方面做得越来越好，消费者开始习惯这种“新常态”，想要的很快变得比眼前得到的更多。

如果正常情况下能在三天内把货送到，消费者很快就会想要两天，然后是一天。

如果牛仔裤有十几个尺寸，消费者很快就会想要定制的牛仔裤。

如果能在寒冬买到香蕉，消费者很快也会想要在冬天买到新鲜的树莓和草莓。

如果智能手机可以作为摄像机使用，消费者很快就会希望得到高清的影像品质。

和所有的事情一样，期望值上升的速度正在加快。工业革命以来它一直在加快，面向消费者的创新速度也越来越快。

产品的生命周期越来越短。传统的引进、成长、成熟和衰退的周期正在更快地发生。失败率也居高不下。根据2015年数据分析机构尼尔森对快消品的调查，绝大多数新产品在其发布、投入市场的那一年结束前就已经被淘汰了。调查发现，仅仅几年的时间里，欧洲就有6万个新品投入市场。其中，只有55%的产品能坚持26周，只有24%的产品在一年后仍然在市场上销售。[1]

在一些行业中，50%的公司年收入来自过去三年内推出的新产品。这表明，过去能够在一家公司的投资组合中停留多年，甚至数十年的长期产品“现金牛”（cash cows）正变得越来越少。品牌必须有效地调整自身的供应链，包括包装方式，以适应不断缩短的产品寿命。每两年更换一个产品或服务系列正在成为常态。如果企业不能迅速将新产品推向市场，那么它发布的产品就有可能是已经被竞争对手所淘汰掉的产品。

## 2.颠覆性技术

技术革新是使快速变化成为可能的力量。每个人都本能地感觉到了这一点，而且数据也证实了这一点。

有关技术加速最有名的证明是摩尔定律（Moore's Law）。戈登·摩尔（Gordon Moore）是飞兆半导体（Fairchild Semiconductor）和英特尔（Intel）的联合创始人，同时也是英特尔的前首席执行官。他在1965年提出，随着制造技术的改进，每块集成电路的元件数量每年都会增加一倍，他预计这种增长速度将至少再持续10年。1975年，在展望下一个10年时，他将预测修订为每两年翻一番，复合年均增长率（CAGR）为41%。他的预测成真了，并从那时起被称为"定律"。

这些不仅仅是抽象的数据，更强大的计算机意味着可以在更短的时间内完成更多的工作。半导体发展速度的加快促进了美国生产力的激增。根据美国联邦储备银行（Federal Reserve Bank）的数据，1997—2004年美国的生产力增长达到每年3.4%，超过了1972—1996年和2005—2013年每年1.6%的增长率。[2]

还有一些类似的推论。例如，贝尔实验室（Bell Labs）朗讯公司光网络组（Lucent's Optical Networking Group）的前负责人杰拉尔德·巴特斯（Gerald Butters）提出了"巴特斯光子学定律"（Butters' Law of Photonics），该定律称光纤可传输的数据量每9个月就会翻一番。因此，在光网络上传输一个比特的成本每9个月会减少一半。[3]

技术变革的加速有一个弊端。对消费者来说，虽然这意味着酷炫的新设备会让人心生喜爱，但也意味着随着这些设备因过时而被淘汰时，将会产生同样多的厌恶。消费者在购买数码设备时满心欢喜，但仅仅几年后，当公司不再支持这些设备时，他们就会感到愤怒，因为这意味着它不会运行新的应用程序，如果它坏了，公司也不会维修。根据美国环境保护署（Environmental Protection Agency）的最新估计，美国人每天扔掉35万部智能手机，这意味着每年扔掉超过1.27亿部。尽管这些设备的可用寿命约为7年，但大多数人的手机使用时间大约只有18个月。而且，由于许多数码设备的生产过程中使用了有毒材料和大量资源，淘汰行为还对环境产生了严重的负面影响。[4]

### 3.新的商业模式

随着消费者预期的变化，以及随着技术的进步他们想要更多的选择，这两种力量汇聚在一起，不仅创造出新的产品和服务，而且创造出全新的商业模式。

无论是消费者说出来的厌恶，还是没有说出来的，企业创始人可能对它们都很敏感，并决定做出改变。当他们有意或无意地发明出一种全新的解决问题的方式时，新的商业模式就会出现。

我们在历史上反复看到这种情况，而在今天快速发展的市场上更常见。例如，2007年室友乔·吉比亚（Joe Gebbia）和布莱恩·切斯基（Brian Chesky）付不起他们在旧金山的房租，不过他们知道有一个大型的设计会议即将在当地举办，酒店很快就会被预订一空。吉比亚就给切斯基发了一封电子邮件，提出了一个想法：如果把空置的阁楼变成一个简单的民宿，提供睡垫和早餐，会怎么样？这是一个“赚点小钱”的方法。他们买了三个气垫，创建了一个简易的网站：airbedandbreakfast.com。他们的头一批客人是两男一女，每位客人支付80美元，睡在气垫上。

他们招募了第三个合伙人，不断完善这个想法。到了2008年夏天，创始人已经设计好了接触点流程，只需点击三次就可以预订住宿。但是风险投资人并不喜欢这家新成立的创业公司。最后，在2009年4月，爱彼迎（Airbnb）从红杉资本（Sequoia Capital）获得了60万美元的种子投资。第二年，当爱彼迎的员工挤占了他们公寓卧室的时候，切斯基有几个月完全通过爱彼迎解决住宿问题，这件事变得很出名，也让他很清楚地认识到他们的消费者喜爱什么以及讨厌什么。2011年，在他们迎来最初的三位客人后的第四年，爱彼迎已经在89个国家开展业务，并且平台的订单量超过了100万。[5]

当然，企业的增长带来了新的挑战和政府监管。但是，洪水的闸门被打开了，旅行者对传统酒店高标价和非人性化服务等不满的情绪被释放出来，他们转而支持有着新经营理念的企业。

我们在21世纪还看见了其他新的颠覆性商业模式：Uber和Lyft的“社群经济”（crowd economy）模式；谷歌、Facebook和Twitter的“免费数据”（free data）模式；人工智能，如无人驾驶的杂货配送服务（Nuro）；以及分散的可能完全在没有人类管理监督而运行的分散的自治组织。

顾客喜欢这些新业务吗？是的！

他们会习惯这些模式，甚至想要更多吗？会的！

新的厌恶会积累起来吗？现在已经有了！

每解决一个问题，新的问题就会随之而来，新的厌恶也可能会出现。你必须总是领先一步，在消除一个厌恶点的同时保持警惕，注意下一个的出现。

## 分层和动态价值

消费者期望、颠覆性技术和新的商业模式是大规模颠覆的三个方面。目前消费者预期的基础正在迅速上升，我们也看到了颠覆性技术的持续影响，并面临着如何以一种深思熟虑的方式利用这些技术，更好地消除摩擦，以及更贴近消费者的需求。最后，当然也是最重要的一点，伟大的创新者通过创造新的商业模式为消费者提供价值，从而颠覆市场。

不过让我们再回到消费者体验上来。我们处在一个颠覆性的时代，我想这没有什么争议，那么为什么许多企业都没有通过显著改善他们向消费者提供价值的方式来做出回应呢？为什么他们不努力减少厌恶，同时提高消费者对他们的喜爱呢？可惜的是，有很多企业没有采取这种应对方式。

记住，颠覆是变化的速度和规模，这意味着我们需要加快速度，而且要不断为消费者创造更多的价值。这其中包含着许多不同的维度。

我们需要创造更好的产品、更好的包装和更好的交付方式。

为了更好地使用技术，我们需要审视自身产品和服务的特点及优势，以确保它们是被优化的。

记住，消费者需要的是**分层和动态的价值**。简单地说，分层价值意味着你要给他们超出预期的东西，动态价值意味着你所提供的价值要不断地提升，这是很多企业未能做到的事情。

这种价值的创造让我想到了下一个问题。如果我们要增加分层价值，这意味着我们必须创造新的东西。如果我们要创造动态价值，这也意味着我们需要创造新的东西。

我们用来创造新事物的商业流程是什么？谜底是：创新——它是创造新事物的工具。

这里需要注意的是，只是有“新意”并没有什么价值。例如，每周在美国专利及商标局（the US Patent and Trademark Office）申请的三千多项专利中，只有不到2%能够成功地被商业化。这就是为什么我们使用创新管道的做法，这样就可以评估可行性、价值和所有需要关注的事情，以便在我们创造新事物时控制风险。虽然创新会带来一些投资损失的风险，但如果在发生大规模颠覆的时期，在市场和消费者有更多要求的情况下不进行创新，风险只会更大。

另一个重要的观点是，消费者体验是非常严肃的。在一个发生大规模颠覆的时代，我们决不能把消费者体验作为一个口号或者贴在保险杠上的贴纸来看待。它必须在公司内发挥作用，否则我们将会因此遭受失败。在我帮一些公司解决消费者体验危机的过程中，我发现这些公司仅仅把消费者体验当成一种填表的工作。换句话说，比如在董事会会议上有一个讨论，说大多数消费者对公司不满意，或是仅仅有少数不满意。会议的结论是董事会和管理层说："好吧，我们需要做一些事情。让我们制定一个消费者体验策略。"于是他们请来了某某咨询公司，该公司与企业中所有有见识的人进行了交流。他们把这些在公司工作的人的见解编录在案，装订在一个三环活页夹里，仿佛这些信息是他们带过来的一样。

而今天，那个三环活页夹被藏在某个经理办公室的文件柜最深处，永远不会再被人看到。

这就是大多数情况下的情形。咨询公司施展了"金钱消失术"（cash-ectomy），他们完成了一个三环活页夹，里面的内容则是他们从你的员工那里得到的"真知灼见"。

我们不再这样做了。实际上今天，我们必须使这些想法成为现实，而且必须真正付出行动。但如果我们像大多数咨询公司那样，依照已经过时的"最佳方案"（best practices）去做，我们就有麻烦了。请记住，我们正处在一个颠覆性的市场。颠覆是变化的速度和规模。因此，我们必须摆脱"后视镜"视角，不能停留在过去，而要以全新的眼光应对消费者体验中的陷阱。

我知道自己已经强调过这一点了。不过让我觉得有趣的是，我会与我的客户讨论这些话题，他们一直在消费者体验方面墨守成规，有时甚至在情感上不愿意放弃这些守旧做法所带来的温暖、舒适的感觉，不论其后果有多么糟糕。

不过好消息是，开发一种颠覆性的方法来大幅改善消费者体验可以是一件非常有趣的事情。这件事做起来并不难，但它是一件不同的事情。研究和数据充分证明了这样一个事实：一些世界上最好的企业正在使用新的方法来获取从前的消费者洞见。这些企业完全不会在意消费者体验行业霸主的看法，以及他们想向你出售更多的数据、更多的调查、更多的工具、更多的机制、更多的其他东西的方式。

为了实现卓越的消费者体验，让我们着手为你的企业建立一个完整的支持系统。不过我也知道，对于习惯于消费者体验行业霸主存在的读者来说，这件事可能难以接受，毕竟改变总是很难的。

## “SOS”方法

如果你是从零开始，为保证消费者体验的成功，优化企业的最好方法是使用“SOS”方法。

我的处境（Situation）如何？

我的目标（Objectives）是什么？

我的策略（Strategy）是什么？

最终，所有的问题都可以被纳入“SOS”方法当中。

## 处境：消费者体验创新准备评估

在今天，顶尖企业都是从一种真正成熟的自我分析开始走向成功的，我们称之为“消费者体验创新准备评估”。

我们为这些事情做好准备了吗？我们有这样的文化吗？有预算吗？有愿景吗？有工具吗？我们有__（自行填空）吗？

我们必须确保自己真的完成了审视自身处境的重任。我们有正确的文化吗？是否有能力做出改变？

说到顾客讨厌的东西，有一件事真的让我很吃惊，那就是糟糕的政策已经在企业中制度化了。你看看酒店，看看零售商，看看所有其他的行业，他们都制定了这样的政策，而这些政策只能说是对消费者的惩罚。因此，对你而言一个主要的要求是：你是否愿意放弃已经实行了很长时间、实际上却在折磨消费者的政策遗产？

为了能够拥有快乐的消费者，我们必须认识到，消费者讨厌我们每天做的许多事情，但却遭到了我们的无视。这就是为什么我们被他们所厌恶。被讨厌的状况说明了消费者对你有许多不满的地方，而你要么知道这一切，但不愿意去改变，要么懒得去关心。

看一下大多数调查和推广系统的架构和结构，你会发现它们会提出一些问题，这些问题用法律术语来讲叫作引导证人——的问题。这么做不会给你的企业带来任何好处。因此，如果想要将你的企业提升到另一个层次，那么就要确保你对于什么事情是必须做的有一个完整的方案，从而让你正确地行事。

今天，我们需要灵活、快速和聪明。但最重要的是，我们需要像人那样行动。我们已经做了很多努力，试图将消费者体验制度化。如今我们处于道路的分岔口，可以选择传统的道路或者创新的道路。

有一种哲学认为，没有优柔寡断这回事。如果你决定什么都不做，那么你真正决定做的是坚持传统的方法。因此问题在于，你是否愿意拥抱消费者体验创新的乐趣、激情和美好？

## 目标

让我们谈谈“SOS”的第二个阶段。一旦你完成了准备评估，接下来要做的事情就是问自己“我们的目标是什么”。

想增加销售、想推动消费者推广都是可以的。当然，这也是我们想做的事情。把这些定为目标都没问题，但是，如果这些是你唯一的目标，你会惨遭失败。当你考虑目标时，请记住，消费者体验以及相应的销售，是在线上和线下的消费者体验过程中，对不同好恶的消费者人群提供卓越价值的产物。这是底层逻辑。

当你把诸多目标叠在一起时要清楚地认识到，你完成事情的能力源于你向消费者提供价值的能力。

## 战略

一旦你完成了“SOS”方法中的“目标”，就到了制定战略的时候了。我们要谈的是战略的框架。但是，我想在这里确认的是，没有一种战略会对所有企业奏效。它必须具体到不同企业的文化、规模、当前的幸福状态，以及利益相关者的培训和专业知识等，所有这些变量都会发挥作用。

你必须保证所定制的战略对企业来说是可行的。

这就是消费者体验创新的起点。我们目前的情况是什么？差距在哪里？我们的目标是什么？真正想要实现的是什么？战略又是什么？

就“战略”做一个说明：我们不希望创建类似于“最佳方案”的战略，而是希望创建一个与企业目标和目的紧密相连的战略。毕竟，消费者体验的目的是为企业和消费者服务。你只需要在企业需求和消费者体验创新之间建立起有效联系。你还需要确定自己能接受消费者体验创新与传统消费者体验战略在规划结构上的不同。

最后要说的是，许多企业在消费者体验上都失败了，甚至因此而破产——因为他们从来没有用心去制定一个消费者体验战略，看到这一点我真的很惊讶。这不是很讽刺吗？他们计划好了一切：设施、人员、资金等。他们失败的一个主要原因是，没有为消费者提供价值。这难道不奇怪吗？然而，这些企业实际上从未有过任何类似于消费者体验接触点这类东西。

我希望这能让你更好地了解什么是真正的消费者体验创新。稍后，我们将讨论如何制订一个计划，使你能够切实地在企业中进行相应的部署。

## 行动起来！

消费者希望价值是分层的、动态的。分层的价值意味着你要提供比他们的预期更多的东西，而动态价值意味着你所提供的价值要不断地提升。

两者的关键都是不断创造新的系统、产品和服务以提供价值。

为了能够成功地改善消费者体验，优化企业的最好方法是使用“SOS”方法，即分析你的处境、目标和战略。通过这些，你可以为企业实现卓越的消费者体验，建立一个完整的支持系统。

# 12

# 把幸福作为一种战略

很多企业认为，消费者体验仅仅是由企业团队简单机械地呈现，而与企业的文化无关。然而事实不止于此。成功的企业已经巧妙地将幸福感以“幸福战略”（Happiness as a Strategy, HaaS）的形式纳入到公司的制度当中，并取得成效。

该战略不仅能帮助企业提供卓越的消费者体验，还能让你吸引、留住最优秀的人才，显著提高生产力、出勤率和员工收益率。简而言之，唯一能帮助你提供卓越消费者体验的方法是将“幸福”作为公司机构的优先事项。当我们热爱、尊重、参与团队，同时与团队合作且相互支持时，我们就创造了一个使消费者体验成为现实的支持系统。

企业的幸福文化推动了消费者的幸福文化。

你可能接触过一个令你感到消极的企业。它的文化是病态的，员工是不快乐的，他们迫不及待地想让消费者也体会一下自己的痛苦。这是世界上大多数企业在消费者体验上最终失败的一个重要原因。

在一个颠覆和创新的时代，优秀的企业正在重新想象他们可以使用消费者体验创新来驱动一个快乐的组织，以提供精致的消费者体验和工作生活质量。

## 为什么不是每个人都在谈论这件事？

在我研读了数百本关于消费者体验的书籍之后，我非常惊讶地发现，很多专家都没有指出消费者体验成功的基础是企业的幸福感。不幸福的人带来不幸福的体验——你不需要一个常春藤大学的学位就能知道这点。但不知为什么，大多数企业没有办法将幸福感这个词和企业文化联系在一起。在我的顾问生涯里，我曾为一些企业提供服务，他们在消费者体验计划上花费了四千多万美元，与此同时在提升企业工作生活质量方面的投入却是零。

## 有毒文化的高昂代价

让我们直入主题：一种健康、积极正向的公司文化能够让人赚取更多的利润。也就是说，即便你是一个吝啬的守财奴，对人类的感情毫不关心，你至少也应该假装关心，因为消极态度会损害你的利润。

其中的一个成本是员工流失。根据美国人力资源管理协会（SHRM）在2019年发布的一份关于职场文化的报告，每5个美国人中就有一个在过去5年中因为不良的公司文化而辞掉工作，这种人员流失对企业造成的损失总共约为2230亿美元。

"数十亿美元的浪费，"美国人力资源管理协会主席、首席执行官、高级人力资源管理专家约翰·泰勒（Johnny C. Taylor Jr.）说，"还有数以百万计悲惨的人。这里不是战场——这是美国职场的情况。职场的毒文化本身并不新鲜，但现在我们看到了其中高昂的成本，也知道管理者该怎样做才能使职场变得更好，那么就没有借口不采取行动了。"

报告《职场毒文化的高昂成本》（*The High Cost of a Toxic Workplace Culture*）指出，内部的消极情绪会造成人员流失和旷工现象，从而让公司损耗巨大。报告还指出了什么是职场毒文化，如骚扰和歧视等，也强调了这种文化对员工惊人的影响。调查发现，26%的受访员工说他们害怕上班。[1]

想一想吧，如果你有100名员工，其中近1/3的人说他们每天早上都害怕上班，这些可怜的人怎么可能提供卓越的消费者体验？这是不可能的。最后企业只能变成我所说的"厌恶农场"（hatepoint farm），厌恶像杂草一样在企业的各个环节滋生。

你可以把公司文化看成是一种既能够积累也能够挥霍的

资本形式。在《哈佛商业评论》（*Harvard Business Review*）中，纽约联邦储备银行执行副总裁兼监管部总监凯文·斯蒂罗（Kevin Stiroh）写道，“文化资本”（cultural capital）不足会增加员工不当行为的可能性，因此必须将其视为一种与流动性风险或运营风险类似的风险形式。

一家公司的文化资本影响着公司的生产、运营和对待消费者的方式。文化资本和物质资本（设备、建筑和财产）、人力资本（员工积累的知识和技能）或声誉资本（如特许权价值或品牌知名度）一样重要。

对文化资本的投资就是减少这种风险的方式。斯蒂罗指出：“与其他有形或无形的资本一样，企业必须对文化资本进行投资，否则它将随着时间的推移而恶化，而且会对企业的生产能力产生不利影响。”[2]

## 毒性会破坏消费者体验

消费者体验要求你杜绝消费者讨厌的东西，这样你才能成为吸引消费者的最佳选择。

同样，幸福的文化要求你杜绝员工讨厌的东西，这样你就能成为他们的最佳就业选择。当你通过尊重和敬重他们而成为员工的最佳选择时，他们反过来也会为你的战略和消费者服务。

说得再直接一点，只有你为员工提供优质的工作体验，员工才能为消费者提供同样优质的消费者体验。你需要创造一种积极正向的公司文化，这样你就会拥有乐于为消费者提供卓越体验的员工，也能够吸引和留住最优秀的员工——他们只愿意为拥有自己所认同的使命和文化的企业而工作。

## 不幸福的文化=生病的员工

不幸福的文化会造成紧张的工作环境，而紧张的工作环境则会导致医疗费用增加50%之多。

已经有研究表明员工的健康和工作表现之间存在着联系，包括那些面向消费者工作的岗位。越来越多的证据也表明，紧张的工作环境与一系列慢性病之间存在关系，包括抑郁症、高血压和睡眠等问题。

克洛尼尔人寿保险（Colonial Life）2019年的一项研究发现，超过20%的员工每周花5个小时以上的时间陷入自己的压力和忧虑中，另有50%的员工称每周因压力而损失1个至5个小时的工作时间。

克洛尼尔人寿保险援引了美国劳工统计局的统计数据并得出结论说，尽管有1.285亿的全职雇员平均每小时能赚21美元，但是因为压力而游离于工作之外或导致低生产力的员工正在使雇主损失数十亿美元。[3]

## 还需要更多的证据来证明糟糕的文化怎样滋生厌恶？好吧……

如果你还不相信，以下是一些有毒文化可能拖垮企业的其他方式。

**·破坏你作为雇主的品牌声誉**

不幸福的文化会排斥优秀的人才，Glassdoor评分和员工口碑是获得杰出人才的核心，卓越的人才是卓越消费者体验的必要条件。

具有消极文化的企业会进入一个恶性循环中。不幸福的文化会吸引更多无法传递积极价值的人，这些人会给企业内外的人都带来不好的感受。消费者对不好的消费者体验反应很差，进而助长了消极文化，从而吸引更多不能传递积极价值的人，于是恶性循环就这样进行下去。

**·扼杀创新**

不幸福的文化扼杀了创新，原因很简单，利益相关者拒绝与消费者和领导层合作，没有这种合作，你的创新渠道将受阻。

**·让包容性和多样性成为不可能**

包容性和多样性的整个前提是，一个企业能够公平地对待所有员工并给予尊重。我从来没有见过一种不幸福的企业文化能真正把多样性和包容性放在第一位。

## 如何获得幸福

幸福战略需要采取深思熟虑的方法，以下是在你的企业内建立强大而有效的幸福战略时可以采取的框架。

**• 幸福使命宣言**

一般情况下，企业使命的宣言是对外面向市场的，而幸福感使命宣言是需要向内的，面向企业和利益相关者。照顾好员工与照顾好消费者同样重要。毕竟，员工是创造价值的人，他们吸引、启发、留住你的消费者。你需要把你想创造的文化通过使命宣言描述出来。

**• 具体的幸福目标**

是的，幸福是可以衡量的，也许不是直接衡量，但可以在员工的行为中体现出来。一些重要的员工幸福指数包括离职率、缺勤率、生产力、所犯的错误和消费者投诉等，找出它们当下的情况，并设定目标，在未来的既定时间点上改善它们。记住，你不能用廉价的噱头来“购买”员工的幸福，比如发放星巴克的礼品卡。你的公司文化必须是真实的，深深地扎根于员工的日常互动中。

**• 调查之外的衡量标准**

员工调查和大多数消费者调查一样：也就是说，它们是无用的。根据Officevibe的一项研究，70%的员工不回应年度参与度调查，近30%的人认为调查是浪费时间的。更糟的是，80%的员工不相信管理者会根据调查数据做出任何实质性的改变。[4]

公司应该着眼于使用“微脉冲”（专注于一个特定主题的几个问题）和关键接触点来感知员工的感受。通过这种方式，公司可以最大限度地提高对问题的洞察力，同时尽量减少占用员工的时间。

持续的反馈意味着持续的倾听，并且应该转化为持续的行动。倾听员工传达的信息，随后利用得出的洞见来决定采取什么样的行动，然后将已经采取的行动反馈给员工，这么做可以帮助企业判断员工的幸福水平。对于员工来说，不快乐的一个来源是他们认为管理层会把员工提出的新想法张冠李戴成自己的想法，这种做法肯定会使员工产生大量的不满。

**· 找出你的员工讨厌什么**

如果你是领导，了解到员工将你视为他们痛苦的根源当然是很难受的。登录Glassdoor网站阅读一些员工的言论需要很大的勇气。但是，把问题公开总是有益的。

你需要考虑到，员工可能因为害怕报复而不愿意与你持不同意见。许多公司有一种强迫性的“幸福”文化，吹嘘“开放式沟通”是一种企业价值，而管理者实际上却并不鼓励不同的意见。开放式沟通建立在信任的基础上，首先是信任，然后才是真相。

**• 消除员工讨厌的东西**

你的员工可能会说："我们提出建议，老板却置之不理，果然和我们想的一样。"或者他们会说："哇！我们提了意见，老板还听了！"对于企业而言，这些都是真实的描述。只听取员工想法是没有用的，还要有行动。如果你不打算回应员工，那就不要问他们。询问他们意见且有所回应，是你应该做的，哪怕只是说："谢谢你，虽然我们不能按你的要求做，但感谢你的建议。"

**• 找出员工喜欢什么**

这是与找出员工痛点相对应的举措。但要注意，不要把时间和金钱浪费在员工可能不关心的事情上。

例如，Curious Thing（译者注：这是一家自然语言处理技术研发商。Curious Thing的核心技术为借由知识图谱，让机器主动提出问题，向用户进行自然语言发问，并将用户的回答进行快速的结构化提取，然后进一步发问以获得更多信息）的尼萨尔·米斯特里（Nishal Mistri）指出，越来越多的雇主转向提供一些廉价福利，比如免费食物、啤酒冰箱、乒乓球桌和办公室里的豆袋椅等，他们认为这些东西会带来积极的工作场所体验，特别是对年轻员工而言。

有40%的企业主认为员工会看中这些办公室福利。但研究显示，无论员工有着什么样的年龄、性别、民族、文化等人口学上的特点，他们很少会认为乒乓球桌（只有5%的受访员工）或公司郊游（只有9%的受访员工）等福利对他们的工作体验有价值。超过一半的受访者（53%）表示，办公室里的游戏会分散注意力，也就是说，会降低生产力。[5]

**·做一些员工会喜欢的创新**

员工与消费者在本质上没有什么不同，他们都希望看到或体验到能帮助他们更好地完成工作的新事物。新的工具、新的战略、新的解决问题的方法等，他们想要的是这些。但如果创新仅仅让你的工作变得更容易，而却让他们的工作变得更难，这肯定是他们不愿意看到的。更不要以为让员工填写一份新的报告或调查问卷就能让他们高兴。

**·设立一个员工幸福中心（a center for employee happiness, CEH）**

我指的不是翻新的休息室，里面有乒乓球桌，每周五有免费百吉饼。如果你经营的是一家小企业，CEH可以设置在你的办公室里。你自己就是首席幸福官（chief happiness officer, CHO），对员工进行“走动式管理”。但是在一个大公司里，你需要设置首席幸福官这样的全职岗位，支付给他的报酬不能局限于这个岗位对于提高生产力、降低员工流失率和缺勤率的效果。这种做法的附带效果是一线员工会更快乐、更投入地工作，你的消费者在和这样的员工互动时，他们的厌恶会变少，喜爱会增多。

**· 举办员工倾听会**

员工倾听会应该是非正式的，以小组为单位。说实话，你每天都应该听听员工的想法，员工倾听会需要定期召集，让人们进行公开的讨论。我们正在做的事情中有哪些是正确的？哪些方面做得不太理想？我们在哪里落后于计划，如何才能解决这个问题？会议的气氛必须是真诚且不对任何人或事加以评判的，而且不要期望一下子解决所有问题，因为过度承诺和冷漠疏离一样不可取。

**· 创建一个企业的社交渠道，以幸福为主旨进行协作**

会议数字平台在短时间内有了长足的发展。大型企业用企业社交软件来改善团队协作和社交关系网。企业内联网（intranet）和其他网络社交软件所创造的人与人之间的联系，可以促进公司的沟通、生产力和时间管理。但是，虽然合作往往可以带来新的想法和更大的投资回报，它也有不容易处理的问题。你需要明确谁负责什么，以及你应该使用哪些工具来分担负担。

**· 创造并发起一个幸福创新挑战**

创新挑战或竞赛是一种让整个公司或团体参与产生创新想法或挑战的方式，可以对消费者或员工产生积极的影响。通常情况下，最好的创新是在团队解决问题时出现的，创造幸福文化也不例外。幸福文化往往可以从“头脑风暴”会议中产生，所以雇主应在会议中鼓励参与者表达什么会让他们在工作中感到幸福，即使参与者的想法听起来不可思议也没有关系。

**·制订、实施一个正式的“幸福战略”计划**

我把它放在列表的最后，因为它应该是之前所有工作的成果。它要包括久经考验的战略和新的创新，还要尽可能多地包含员工提供的想法。这些想法会帮助他们获得快乐、提升生产力，还会为消费者创造难忘的接触点。计划必须是可持续的，且有足够的投资来支持它。

为了持续改善该计划，实施计划时应该设计一套评判标准。

## ZOOM：快乐又盈利的公司

任何事物都有榜单——包括哪些公司最让员工感到幸福。

Comparably.com是一家致力于使工作场所透明化且为雇员和雇主带来回报的公司。它力求展示不同的公司文化和市场薪酬水平（由真实员工提供），尽量公平、准确地展示雇主品牌。它给出了2020年拥有最幸福员工的100家公司名单，以下这5家公司名列前茅。

1.Zoom视频通信（Zoom Video Communications，加利福尼亚州圣荷塞市）

2. B2B的SaaS公司HubSpot（马萨诸塞州剑桥市）

3. 微软（Microsoft，华盛顿州雷德蒙德市）

4. 铃盛（RingCentral，加利福尼亚州贝尔蒙特市）

5. 苹果公司（加利福尼亚州库比蒂诺）[6]

我们都听说过微软和苹果。但是Zoom视频通信呢？这是一家提供如今已经无所不在的视频会议服务的公司。这个名字已经成为一个动词，比如人们会说："让我们在一点钟和团队一起Zoom。"在员工幸福感方面，Zoom成为第一名是当之无愧的。当你进入他们的网站时，"关于我们"的页面上写着："我们提供幸福。最伟大、最持久的幸福来自让别人幸福，很荣幸每天都能为你提供幸福。"

Zoom的使命是"使视频通信顺畅和安全"。

他们的愿景是"视频通信使人们有能力完成更多任务"。

他们的价值观是"关爱社区、消费者、公司、队友、自我"。

他们的文化是"传递幸福"。

有了这些宣言，这个公司便成为了一个超级幸福的工作场所。这些员工被称为"Zoom人"（Zoomies），他们的网站上有很多员工感言。例如，担任欧洲卓越中心负责人的Jeff Koll说："你知道我喜欢Zoom的什么吗？它能不断成长、有持续的乐趣和不断的变化，我和最聪明、最优秀的人一起工作，我可以和他们在一起！"

这种爱的文化被传递给了他们的消费者和行业分析师。

- 主流商业期刊*Inc.*将Zoom评为2020年最佳工作场所之一。
- 专注视频会议行业的博客Let’s Do Video将Zoom选为2019年的读者选择奖得主。
- Glassdoor将Zoom评为2019年最佳工作场所第2名。
- 弗若斯特沙利文咨询公司（Frost & Sullivan）将Zoom评为其2019年全球视频会议行业年度最佳公司。[7]

Zoom还获得了很多其他奖项。

这种对幸福的不懈追求带来了强劲的增长和丰厚的利润。思科（Cisco）前工程师和高管埃里克·袁（Eric Yuan）在2011年创立了Zoom，在2013年推出了这款软件。Zoom的收入快速增长，加上人们认为这款软件非常好用也很可靠，这让它在2017年获得了10亿美元的估值，成为一家“独角兽”公司。该公司在2019年首次实现盈利，并在当年完成首次公开募股。2020年4月30日，Zoom加入了纳斯达克100（NASDAQ-100）股票指数。同年，这家成立9年的公司公布的收入为26.5亿美元，营业收入为6.6亿美元。

幸福非常有利可图！

## 行动起来！

如果你接受这样的观点：当你减少消费者的厌恶时，他们会用信用卡来回报你，那么你也应该接受这样的观点：当你减少**员工的**厌恶时，他们会用更高的生产力、更低的流失率、更高的参与度和更好的消费者关系来回报你。统计数据显示，即使在计算了“幸福战略”的投资成本之后，不幸福的员工比幸福的员工对公司的影响更大。

分析你所有员工的参与数据，然后制订一个计划，每年将每个数据点提高10%。例如，如果面向消费者的员工在离职前平均在岗位时间是2年零6个月，那么就设定一个新的目标，即2年零9个月，然后是3年。你需要做些什么来让他们的幸福时间变得更长一点？

# 13

# 消费者调查是你的敌人

过去的50年中，很多企业都坚信消费者调查是非常有必要的。他们相信这种做法能准确反映消费者的感受，提供实用的信息。其背后的逻辑是，想要弄清楚消费者的想法，你只要肯问，他们就会如实作答。

从某种程度上来说这是真的。但这个假设存在致命的缺陷，足以使人对整个想法产生质疑。除非消费者调查经过精心设计和呈现，否则它不会为你提供帮助，反而会成为你的敌人。

在深入探讨消费者调查的利弊以及如何改善之前，我们可以先来聊一聊消费者调查的基本构成。

消费者调查形式多样，其中最常见的一种为李克特量表，由美国社会心理学家伦西斯·李克特（Rensis Likert）在1932年设计制作。在这种调查表中，受访者们看到的并非一个问题，而是一个陈述语句，他们要在一个量表上选择5个答案中的一个来回答。答案通常被赋予一个数值，以计算分数。

| 1 | 2 | 3 | 4 | 5 |
|---|---|---|---|---|
| 完全喜欢 | 不喜欢 | 一般 | 喜欢 | 非常喜欢 |

几道题可以有共同的主题，如消费者服务，如果你要求消费者对这个主题做出一系列的回答，那么你便可以把分数相加，得出总分。

你也可以将数名消费者的调查结果中每人对每个问题的回答分数求合计分。例如，你向100位消费者提出“本网站操作简单”的陈述，得到的平均回答是“不同意”或2分。在这种情况下，你应该清楚，网站导航需要改进。

消费者调查也可以采取提出一系列问题的形式。调查问题可以使用封闭式或开放式问题来收集个人答案。封闭式问题设有一个预先定义的固定答案选项列表，而开放式问题则要求受访者用自己的语言作答。大规模调查中会使用封闭式问题。只有在一些你想深入挖掘的小团体人群中，你才会尝试使用开放式问题。

这些调查的使用似乎非常科学，同时对于市场经理来说也十分简单，他们只需要做一些这样的调查，看看结果，再给相关部门写个备忘录，要求他们解决这些问题。然而，挑战在于调查的结果非常零散，且主观性强，很难以此为指标确定消费者是否会从现有的市场选择中再次选择你的公司。正如本书所揭示的一样，消费者可以既讨厌你或讨厌你服务的某些方面，又仍然选择你，而不选择你的竞争对手。但这种情况只是瞎猫碰上个死耗子，一旦有精明的新公司打入市场，你的消费者会像丢掉石头那样立刻将你抛弃。

出于许多原因，消费者调查提供的数据可能毫无作用，甚至会产生误导。以下是最常见的一些问题。

## 调查内容太长

最近，我浏览了我使用的手机所在公司的官网，想要改一下套餐。这个过程本身是相对舒适的，而且只花了几分钟时间。到现在为止，一切都还不错！当我正要关闭网页的时候，一个弹窗跳出来，问我是否愿意参加消费者满意度调查。行呗，我想，为什么不呢？所以我点击了“确定”。

第一个问题出现了。我的性别是男性、女性还是其他？哦，他们想从人口统计学入手。我叹了口气，看了一眼时钟，10分钟后我有个电话会议。我点击了“男性”。接下来问的是我属于哪个年龄组。无关紧要的废话！我边想边跳过这个问题。随后是收入范围——我不可能回答这个问题！我跳过这一题，接下来的问题是手机的使用频率，以及更多是用于商务还是娱乐目的……这些问题需要太多的思考，而我的时间很紧张，所以依然选择跳过。

然后是关于消费者体验的问题。这些问题是多选题，答案按李克特量表从1（强烈不同意）到5（强烈同意）排列。第一个问题是，“本网站操作简单”。跟什么相比简单？我怎么知道！我点了“4”——同意。

下一个问题是，“在本网站上，我能够找到我需要的东西”。是的，我可以办完我的业务……我又点击了“4”。为什么呢？因为“5”（非常同意）看起来太热情了，我可不想让他们觉得一切都已经做到完美，我还想有所保留。

接下来我又答了几个问题，我看着时钟无情地摆动，最终选择了放弃。我没有完成调查。我既没有时间，也没有耐心。

知名消费者体验咨询公司Interaction Metrics的一项研究显示，尽管零售商有提高消费者幸福感和整体体验的愿望，但其消费者满意度调查用时过长，很大程度上是在浪费消费者的时间和自己的时间。在对几十个零售商消费者调查表的研究中发现，商家所用的问卷平均有23个问题，实在是太多了！

这也是尽管零售商急于与消费者“交流”，但消费者回应率却很低并继续下降的原因之一。他们被过多的互动搞得心力交瘁！目前，许多品牌消费者互动的回复率只有2%，产生的数据零零散散，而且准确性不高。[1]

这反映了两大日益严重的问题。问题之一是“调查疲劳”（survey request fatigue），人们被多次要求提供反馈时，就会产生拒绝回应的心理。“调查疲劳”会导致消费者忽视企业的反馈请求，降低了调查的回报率。

另一个问题是“调查参与疲劳”（survey taking fatigue），即调查对象在调查过程中，对问题感到厌倦。这可能会降低消费者的回答质量，因为他们会跳过问题，快速地勾选方框，只是为了赶紧做完，或者完全放弃调查。

## 调查过程令人厌烦

我的朋友简购置了一辆豪车，不久后她接到了一通电话，来电显示是车辆经销商。简接起电话，因为她认为这通电话应该比较重要，比如有关新车和交易细节之类的一些她需要知道的事情。电话另一头的人名叫汤姆，语气轻快。他问简有没有几分钟的时间。简回答道：“当然！”接着，一系列问题开始了。“您对新车是否满意？”“您是否参观过本公司的服务部门？”“您是否完全理解合约内容？”“您对等候室是否满意？您有没有注意到里面的免费咖啡和甜甜圈？”汤姆让她从1（非常不满意）到5（非常满意）对每个问题作答。问了几分钟问题后，简开始不耐烦了。“这样吧，”她说，“都很好，都很满意完美。如果我有问题或者不满，我会联系你的。现在我得去开会了，谢谢。”

“还有几个问题马上就结束了。”汤姆说，“我知道您有事情要忙。请问您愿意把我们推荐给朋友或家人吗？”

“3！”简愤愤地喊出回答。这个答案代表“一般”。

“3分吗？”汤姆说，“好吧。您能告诉我为什么只有3分吗？”

“什么？”简说，“抱歉，我是说5。答案是5，太完美了！听着，汤姆，我真的有事情。祝你今天过得愉快。”

她恼怒地挂断了电话。实际上，简觉得此前在结账的时候，经理一直强行推销延长保修期、各种增项以及其他项目，简知道这些只不过是经理想让她掏更多钱的手段。她已经同意买下这辆车，但在最后成交之前，经销商还想要抬高价格。在简的坚持之下才终于达成了交易，但经销商不断施压的做法让她很恼火。

最终结果怎么样呢？调查电话令人厌烦，使她对经销商的印象更差了。在整个消费过程和所有的接触点中，简只讨厌一件事，就是遇到了那个向她强行推销的经理。但在调查电话中她始终没有机会把这一点说出来。这家公司也永远不会知晓这件事。相反，公司能看到的只有汤姆的表格和报告，写着消费者给了诺斯赛德豪华汽车公司（Northside Luxury Autos）五颗星。

（顺便说一下，新车经销商通过汽车制造商的授予获得了在当地的垄断地位，而且销售展厅离她家只有20分钟的路程。如果她决定换一家经销商，下一家最近的店面在另一个镇上，路程会超过一个小时。因此不管简有多讨厌诺斯赛德豪华汽车公司，她都很难放弃这家经销商，选择开一个多小时的车到另一家。）

这种坚持不懈地与消费者联系的行为，是企业为了挖掘消费者意见并进行量化数据分析越来越普遍的做法之一。尽管许多营销经理认为这种做法是为了收集消费者的想法，但没有处在这个位置的人则认为，消费者服务调查只是一场尴尬的互动，消费者往往不胜其烦，提供的数据也缺乏价值。

## 找错了调查对象

我的朋友简非常忙碌。她既要经营企业，又要照顾家庭，日程安排很紧凑，空闲时间不多。然而汤姆来电时，她还是愿意腾出几分钟来。毕竟她也是做生意的，也想得到消费者的反馈。她知道这些反馈若运用得当，将发挥很大的作用。但当调查电话久久不能结束，并开始浪费她的时间时，她只好喊停。

诺斯赛德豪华汽车公司所做的这次调查有害而无益，因为最终呈现给经理的调查结果是错误的。

遗憾的是，简恰恰正是汽车公司需要认真听取反馈的那类消费者。她相对年轻，家境富有，对车也了解甚多。她选择新车是因为相信这一品牌，而且几年内再次购车可能还会选择该品牌。她不是经常会更换品牌的那种人，一旦看中某个牌子就会一直坚持购买。但是她没有时间去做这些无比冗长的消费者调查。没有别的原因，只是因为平日里太过忙碌。因此，她的意见很难被倾听。

那么，谁有空去做这些调查呢？答案是那些手上有大把空闲的人。失业者和工作不多的人，或者是退休的人，他们没有繁忙的日程表。这些人本身没什么问题，但对于一家销售5万美元以上的高档汽车的品牌来说，他们并不是理想的目标消费者。

如果企业打电话给一部座机，而接电话的人当时正好有10分钟的空闲，这说明了什么？这些人可能非常友善，但除非你是在推销补充医疗保险，否则他们可能不是理想的调查对象。

就电话调查而言，在过去的几十年里，其接触率、有效性和可靠性都在下降。美国民调机构皮尤研究中心（Pew Research）是一家非营利企业，根据其对电话调查业务的统计发现，1997年，电话调查的回应率一般为36%，但到了2018年，这一数据骤降至6%。他们的研究表明，整个调查行业都在经历同样的情况。

该非营利企业指出了回应率下降的原因。

- **机器人呼叫（Robocalls）**

机器人呼叫电话的数量激增，2019年达到每月约34亿次通话。许多年来，手机一直可以自动拦截这类电话，但现在不一样了。由于消费者调查电话的号码常为陌生或不熟悉的号码，人们很容易将其误认为是机器人呼叫的电话营销骚扰。而且机器人呼叫还会使用虚假的来电显示，使其看起来似乎是一个眼熟的本地号码。这种情况进一步导致了人们拒接电话，除非他们能确定来电人的身份。

- **防骚扰技术**

正规渠道的调查电话也有可能被误标为“骚扰电话”。许多手机运营商、第三方App和手机操作系统会拦截来电，或警告消费者该来电可能是诈骗电话。

对于进行调查的公司来说，消费者不愿回应调查的原因由来已久，而这些新出现的问题也成了原因之一，其他原因还包括担心时间和隐私受到侵犯、太忙没时间参与、普遍缺乏填写调查的兴趣等。[2]

## 调查过于简单化

一些调查的内容过于简单。

净推荐值（NPS）是由弗雷德·赖希尔德（Fred Reichheld）开发的专有工具，他与贝恩咨询公司和Satmetrix咨询公司共同拥有NPS的注册商标。

相比传统调查问卷的复杂性和侵入性，NPS只问了一个简单的问题：“您将这家公司推荐给朋友或者同事的可能性有多大？”

这个问题有三个可能的答案：“愿意”“不愿意”“不确定”。一个问题配上三个答案选项。问题一目了然，答案也很清晰。这是那种你在消费者走出大门或者关闭网页时可以提出的问题。其目的是让消费者不假思索、自然而然地给出反馈，而不是用一长串现成的问题来区分他们。

这个问题的答案将公司的消费者分成三类：推荐者（Pro-moters）、贬损者（Detractors）和被动者（Passives）。如果你想在短时间调查大量消费者，我认为这不失为一个好方法。尽管NPS问卷的简洁值得赞赏，但管理团队并不能从中得知哪些方案行之有效，而哪些地方需要改进。这样的问卷不能提供任何具有可操作性的信息。

另外，在这一衡量标准下，询问的时机也非常重要。应该在消费过程的哪个阶段提出这一问题呢？是在消费者遭遇不幸的意外之后，还是在他们刚刚享受了公司慷慨的优待政策之后呢？

我们假设你经营一家规模不小的办公用品店。你一天对200个进出商店的顾客进行调查。一周六天结束后，你得到了1200名顾客的调查结果，你的NPS为：579人愿意推荐，368人不愿意推荐，253人不确定。

你能从中获得什么信息？你能知道48%左右的受访者会向朋友推荐你的商店，另外约52%则不会推荐或者不确定。

但其中的真正意义是什么？

实话实说，这个结果毫无意义。这样的问卷不能提供任何可以进行实际操作的信息。在52%不会向朋友推荐你的商店或不确定的顾客中，你知道他们为什么会如此作答吗？是因为商品质量低下吗？还是因为销售人员态度恶劣？或是商店内布局杂乱？也可能是商店里播放的音乐不受欢迎？又或是收银台排队太长？事实上，尽管你知道有相当一部分人不喜欢你的商店，但即使你想做出改善，也无从下手。

马瑞兹公司（Maritz Research）副总裁兰道尔·布兰特（Randall Brandt）认为，NPS对广大的顾客群体可能有一定的预测能力，但却不能说明顾客个人购买选择的动机。此外，了解整体的NPS并不能看出推荐者和贬损者的人群构成。由于这些原因，NPS对于管理团队来说，几乎没有帮助提供可操作的下一步措施。[3]

想象一下，若本书先前提到的康卡斯特公司在解决消费者体验问题时，完全依赖NPS问卷体系。从NPS结果来看，可以得出消费者的反馈是：你们公司是真的烂。以上就是全部信息，没别的了。从数百万名消费者那里听到这种情绪后，公司就得弄清楚消费者为什么讨厌他们。是因为消费者服务吗？产品费用？节目的质量？遥控器的可用功能？整个公司没有人会知道为什么，因为他们从来没有向顾客问过这些问题。

这个故事的寓意在于，创造卓越的消费者体验没有捷径可走，没有放之四海而皆准的解决办法，没有“一键修复”按钮。这个过程将永无止境地持续下去，需要每个从你的公司领工资的员工都参与进来。

## 可靠性和有效性是两个不同的东西

一项调查可以有很高的可靠性，并且年复一年地产生一致的回应。这可能会让管理者相信，既然调查产生了一组可靠的数据，那么它一定是有效的。

但这其实是两个截然不同的东西。

有效性是指调查的问题是否真正指向对公司重要的问题，以及调查在多大程度上评估了它声称要评估的事物。

有效性有很多种类型。其中最重要的一种是建构有效性（construct validity），它指的是一项调查在何种程度上真正评估了应该评估的内容。例如，在商业领域中，消费者调查必须要能得出关于以下两个关键问题的信息：“您再次从本公司购买产品的可能性有多大？您向朋友推荐本公司的可能性有多大？”任何不能为这两个问题服务的问卷内容都很可能是无用的废话，只会让消费者感到烦躁。比如车辆经销商问简，车店的位置是否便利。这是一个无关紧要的愚蠢问题，因为下一家最近的车店路程要一个多小时。

当有效性低的调查的回应数据被绘制在图表上时，它不会形成钟形曲线的正态分布形状，即大多数数据都靠近中间位置。

相反，它将显示出分散的状态，其中大量的数字位于天平的两端。这种广泛分散的回答表明问题设置的结构可能不恰当。

企业使用问卷或调查的目的是清楚了解消费者对购买体验的感受。这类调查测评的是受访者自我报告的态度、意见或行为。这就是心理学家所称的建构（constructs）。由于建构是复杂无形的人类特征或行为，通常很难通过单个的问题进行评估。要测量建构，最有效的手段是询问一系列与调查主题多个方面相关的问题，如消费者满意度。然后，把这些单独但相关问题的回答结合起来，形成一个连续的分数或等级量表。

这一科学的方法，对于那些入选参加某个研究项目，并接受要花费相当时间的受访者来说非常有效。他们可能愿意回答数十个在他们看来是多余的问题。但消费者调查与科学研究项目截然不同。消费者刚为你的产品或服务支付了金钱，而现在你要求这个消费者再给你一个“赠品”，花10分钟至15分钟的时间为你完成一个详细的消费者满意度调查。抱歉，大部分消费者会说：“钱都给你了，还不够吗？还想让我免费给你经营公司的建议？不了，谢谢。”

有时候，从你的消费者那里获得可操作的信息似乎就像在雾天里看水晶球一样。这些信息可能就出现在某个地方，但你却看不到它。想知道答案？不能再依靠水晶球了，它不是你需要的工具。因为它太过简单。这个世界上没有什么便捷的、低投入的方法能让你一眼看穿消费者的心思。想要走上正轨，你需要做两件事：一是把消费者情报作为企业的优先处理事项，二是使用正确的工具来收集情报。

## 行动起来！

把所有你现在使用的调查方法一起丢进垃圾桶，然后开始阅读下一章。

# 14

# RealRatings评分系统：消费者调查的未来之选

在指出了许多客户调查的重大缺陷之后，我们需要回到中心问题上。如何了解你的客户对你的品牌、产品或体验的看法？他们喜欢或讨厌什么？鉴于他们对你的品牌的感受——既爱又恨——他们可能会怎么做？你又应该怎么做？

一定有一种方法可以从你的顾客那里获得诚实的、自发的、可操作的信息。你越是思考这个问题，就越觉得所有的答案都指向了消费者调查。好吧，我们需要面对这个问题：消费者调查将继续存在。很明显，要想征求消费者的意见，除了问他们，我们别无他法。

## 如何有效地进行消费者调查

尽管存在挑战，但你可以利用消费者调查——无论是在线的，还是打电话——从你的消费者那里获得良好的、可操作的意见。以下是你需要做的事。

### 保持简单，傻瓜！

你也许曾经看到过这个被过度使用的词“KISS”（Keep It Simple, Stupid!）。我在这里使用它是因为KISS原则非常符合消费者调查的要求。

自愿性客户调查的第一规则是，当你毫无预兆地对消费者说“嘿，请接受我们的调查”时，该调查必须是简短的。调查问题数量应该尽量少，所耗时间应该不超过两分钟。你必须提出封闭式的问题并提供多选的答案。

记住，你的消费者正在提供他们的时间给你。假设你的消费者是一名律师，一小时收费240美元，如果你请求对方参与一个时长5分钟的调查，就相当于你在要求对方给你20美元。时间缩短至2分钟，你就是在要求对方给你8美元。消费者的时间非常宝贵，你应该尊重他们的时间。

现在你有一个短暂的时间窗口，让你的消费者专注于完成调查。OpinionLab（一家消费者需求分析提供商）的研究显示，52%的受访者表示自己会在3分钟后放弃调查。即使撑过了3分钟，调查问卷的质量也会随着受访者想要快点结束而迅速下降。保持问题简短易懂是消除这种回答疲劳的最佳方法。[1]

总是要让受访者了解还剩下几个问题。写下你的问题，以便受访者能够不假思索地迅速回答。比如说，“您总是选购有机食品吗”这个问题就造成了阻碍，因为问题里包含了“总是”这个具有绝对意义的词。这就强迫受访者开始思考：“我有没有买过非有机食品？西红柿罐头算有机食品吗？香蕉算吗？”这个问题肯定会引出一个毫无意义的答案。但如果你直接问：“你倾向于购买有机食品吗？”答案就会非常明确——“会”或“不会”。

## 确保问题的重要性和有用性

因为问题数量不多，所以你需要确保每个问题都对你的调查任务既重要又有用。你总不能把想问的每一个问题全问出来。通常，调查是由代表公司内部不同部门的委员会来制作的。销售部门想知道消费者对销售过程是否满意。物流部门想知道产品是否已按时交付。品牌经理想知道产品是否符合消费者期望。每个部门都有自己关切的问题。但你需要记住一点：消费者并不关心你身上的问题。大多数消费者都乐意被咨询意见，但他们并不想成为免费的管理顾问。

调查问题过于宽泛时，我们可以得出一个消费者不满意或满意的模糊印象，但这不会给你提供具有可操作性的信息。让消费者在体验满意度1~5之间打分并不能告诉你问题出在哪里。

## 给消费者一份奖励

你请消费者参加调查，就是在要求他们提供两件重要的东西——他们的时间和观点。如果你不赠送产品，那么你的消费者凭什么要免费给你东西呢？你可以向参与调查的消费者赠送一些简单有趣的奖励，如礼品卡、产品折扣或抽奖机会等。已有证据表明，向消费者提供具有吸引力的激励措施可以提高调查的回复率和完成率。这样做还可以巩固你与消费者之间的关系，鼓励他们继续参与，以及你对于他们所付出时间和精力的感激。

## 我不敢问你这个……

我相信你肯定听说过这句话。“我不敢问你这个问题。”这是一个真实的现象，人们不想问某些问题，是因为他们害怕得到一个鲜明而准确的答案。当你的医生带着你的血样和阴沉的表情走进检查室时，你可能会停顿片刻，说“我不敢问……”。

当你的恋人说“我们需要谈一谈”，你不敢问要谈什么内容，因为你知道分手在即。不幸的是，我们已经把这种害怕听到不愉快的事的心理融入消费者洞察的管理方式中。对于许多企业来说，这么做后果严重。

多数传统调查都是为了获得消费者的正面评价。受访者通常会保持礼貌，告诉调查方他们认为对方想听到的东西。例如，假设你发布了一款新的软件，有部分消费者因不会操作，导致产品不能正常运行，但他们可能不愿意承认这一点，指出是软件或设计本身有缺陷。他们会更倾向于责备自己不够聪明，理解不了这个产品，并告诉你产品运行没有问题——这样他们才不会觉得自己愚蠢。

有些人则是不想显得与他们的同龄人格格不入。威廉姆斯学院（Williams College）的无性别厕所事件就是一个典型例子。1970 年，威廉姆斯学院由男校变为男女混合校。根据 mTab.com 网站的报道，威廉姆斯学院发布了一项关于在新生宿舍设立无性别厕所的调查。结果显示学生们普遍支持。但无性别厕所正式设立后，学生们很快觉得这种厕所尴尬且令人不适。因此，学生们又投票将厕所改回原先的男女分开。他们中大多数人声称自己一直反对此事，此前之所以同意只是不想让自己显得思想保守，不够前卫。[2]

## 总有扫兴的人

消费者回应调查的态度千奇百怪。有些人迫不及待地谩骂你的公司，轻视你的努力，仅仅因为他们就是这样的性格。他们的世界观消极负面，什么都取悦不了他们。这些人享受贬低你带来的乐趣，因为这让他们觉得自己是个重要人物。这也是为什么无论你怎样努力，都会有一定比例的消费者给你差评。

有些调查对象想显得自己比别人更好、更优越。有些人可能不愿意透露他们的信仰或本性，因为他们不想让其他人知道。而有些人可能会因为一个问题而感到尴尬，比起承认他们可能觉得会丢人的事实，说谎显得更容易一些。和抵触心理相似，人们会害怕自己的真实意见与主流意见或政治正确不相符，因此他们可能会在调查中说谎，这一概念被称为“社会期望偏差”（social desirability bias）。

你不能因为这类人就停下向消费者征求意见的脚步。

## 要得到准确的答案，就要提出正确的问题

调查和问卷行业已经陷入混乱。企业寻求正面的消费者反馈，调查行业也乐于提供这种有偏差的数据，两者发展出了一种共生关系。我相信未来这种共生关系还将在很多企业中持续下去，直到最终无路可走，迎来一些棘手的难题。

经过几十年的研究，我开发了一个系统，旨在使用一套能够提高消费者反馈准确性的语言，以获得消费者的净评价（net rating）。这种调查方法可以让你更好地了解消费者对其体验和对你品牌的感受。

正如我在前文所说，这也是我推荐你使用RealRatings评分系统来挖掘准确、具有可操作性的信息的原因。

## 消费者满意度的三个维度

企业进行调查的目的是获得消费者见解，但很少有人利用调查结果来改善消费者体验。我仔细审读过我的客户对消费者进行的调查，发现在这些调查中，有数百份显示消费者有充分的理由对企业不满，而企业却没有设置任何机制来吸取建议，从而使客户满意，及利用他们学到的东西创造更好的体验。不能很好地利用消费者洞见是一个常见的问题。有一种普遍的看法是，只要开展调查这项简单的工作就可以让企业创造出良好的消费者体验。大多数调查的设计初衷其实是让企业以为消费者喜欢他们——甚过实际的情况。

根据我的经验，许多企业实际上知道自己在各种接触点上的表现有多糟糕，但他们不想通过一个结构合理的满意度评估来时刻提醒自己这些问题。如果你真诚地想要杜绝消费者厌恶，想要制造喜爱，仅仅需要看到消费者满意度的三个维度。

### 维度一：4类消费者人群

你所服务的消费者不止有一种类型。你服务的消费者人群多种多样，这些消费者不是通过年龄、种族或穿着来区分的，而是通过他们各自的好恶来区分的。在本书中，我已经讲述了4类基本的消费者群体。每类消费者都有一些基本固定的喜爱和厌恶点。为了弄清楚如何为所有类型的消费者服务，你需要了解这4类消费者群体分别讨厌什么、喜欢什么。我将在后面几页更详细地探讨这一重要问题。

### 维度二：消费者的接触点之旅

你按照5个我已定义清楚的接触点为每个消费者提供服务，同时你需要深入了解消费者完整的接触点之旅，以确定消费者好恶之所在。大部分企业的消费者调查都只针对其中几个接触点。

### 维度三：净消费者体验

许多消费者评价系统都不敢问消费者他们“讨厌什么”的问题，或者他们会特意设计问题，以获得一个中性的回答。为使用RealRatings评分系统得到一个对提升消费者体验有指导意义的体验评级，你必须找出消费者讨厌的点是什么，并将其从获得消费者喜爱的因素中剔除出去。

RealRatings调查是定制的，以体现体验的独特性，并选择适当的语言，以收集准确的回答。这为企业洞察消费者体验提供了两大重大改进。一方面，企业可以通过RealRatings评分系统对消费者不喜欢的事物有更深入的见解，从而提供一个更准确、更少逢迎的净体验。另一方面是，这些洞察将使企业能够通过新的创新杜绝厌恶，同时优化消费者喜欢的地方。

消费者在5个接触点上的体验总和——这个过程可能会延续

多年——就是净消费者体验，或者RealRating。

这是对消费者在5个接触点上的好恶，以及对消费者好恶归属的衡量。

我们通过4种负面体验来衡量消费者的厌恶程度，从1（不太好）到4（非常厌恶）。

我们通过4种积极体验来衡量消费者的喜爱程度，从1（不喜欢）到4（非常喜爱）。

值得注意的是，在这两种情况下，都没有“未决定”或“不确定”这类中立的第5种选择。

RealRating是喜爱值减去厌恶值之后的总数。我特意把这项正在申请专利的程序设计成非五分制调查，因为中立选项，或者说在评分中设有一个没有倾向性的数值，会使消费者很容易通过选择折中立场来回避这个问题。

RealRating代表了消费者体验的净值，从喜爱值中减去厌恶值，从而得出一个分数。这个分数非常有用，因为它明确询问了消费者不喜欢什么，以及消费者在某个特定接触点上喜欢什么。这便提供了具有可操作性的见解，企业可以以此迅速改变消费者不喜欢的部分，以显著提高他们的RealRating净消费者体验得分。

## 4类消费者人群

本书前文中讲过4类消费者人群。他们分别是掌控者、分析者、友好者和协作者。每类人群都对与你品牌的互动或接触点有一套自己的期望。

例如，掌控者知道他们想要什么，期待获得及时、高效、不说废话的服务。他们不寻求获得你的赞赏或友情，同时如果期望没有达到，他们会立刻心生厌恶。

相比之下，友好者与掌控者截然相反。这类消费者想让你与他们交好。他们期望你了解他们的需求，以及他们选择这项产品或服务的原因。他们希望得到高水平的个人化服务。这类消费者可能会先与美捷步（Zappos）的消费者服务代表在电话里聊上半个小时，再下单订购一双鞋子。

协作者需要与团队或伙伴达成一致意见才能继续。协作者这类人群会说："我挺喜欢的，但购买之前需要和我的伙伴谈谈。"

分析者需要了解产品或服务的每一个细节。有这样一个老笑话：一个人去餐馆吃饭，在点鸡肉之前，他要先向服务员询问，鸡肉是什么类型、来自哪个农场、是如何饲养的，以及屠宰方式是否人道。这就是典型的分析者。

当然，每类消费者可能会有其他类别的一些特点。例如，掌控者可能有一些协作者的性格，但基本上，4类消费者人群这一理论非常有效。

不同类型的消费者以不同的角度看待你的公司。某一类消费者对你的销售人员的看法与其他类别的消费者明显不同。如果让他们描述对你公司的看法，掌控者可能会说：“哦，这家公司的销售团队效率很高。”分析者会说：“这家公司的销售团队百问不厌，他们对产品无所不知。”友好者可能会说：“他们提供免费咖啡！”他们会觉得员工态度非常友好热情。协作者则会夸赞员工有耐心，不向消费者施压。

但你看，他们讲的都是同一批员工！这是可以做到的，因为面向消费者的员工都经过了精心培训，使其行为符合或反映消费者的特征。他们知道如何转变服务方式以满足不同类型消费者的需求。

大多数消费者服务调查忽略了一个至关重要的事实，那就是每类消费者都有一套不同的喜爱点和厌恶点，这也是一般调查所测量不了的。健谈的销售人员会不受掌控者的待见，但会受到友好者的喜爱。做事高效迅捷的销售人员会被分析者厌恶，因为他们想多花时间收集信息，但掌控者会喜欢这类销售人员，因为他们不想浪费时间。协作者会喜欢买家点评多的公司网页，他们会把点评展示给伙伴，但分析者却反感这样的网页，因为他们想找的是产品事实，而不想看推销套路。

不过，4类人群中总会有一些共同之处。例如，如果你卖的产品有缺陷，那他们理所当然都会厌恶。如果你承诺两天到货，但5天后才送到，也会令所有人厌烦。在消费者从一个接触点前进到另一个接触点的整个过程中，你是以消费者服务为基础进行竞争的。正是你的服务，让你的消费者要么爱你，要么恨你。

问题是，不同人群对其喜欢的消费者服务有不同的看法。公司需要做的就是满足各种消费者的期望。举一个简单的例子，假设你去了一家五星级餐厅，点了菲力牛排，而你的服务员却给你端来了焗龙虾。你一定会生气！不论焗龙虾尝起来多么美味，也不是你想要的东西。同样的道理也适用于每个接触点的消费者体验。掌控者期待的是畅通无阻、直截了当的互动体验。如果他们没有得到这样的服务，便会产生不满。友好者期待的是悠闲轻松、随意聊天的互动体验，如果服务不是这样的，他们也会产生不满。

## 你需要4种不同的调查——甚至更多

回顾历史，你会发现，针对大量人群的调查和投票活动是近代才出现的创新。最早的民意调查可追溯至1824年，约翰·昆西·亚当斯（John Quincy Adams）与安德鲁·杰克逊（Andrew Jackson）竞选美国总统期间。杰克逊赢得了民意调查和最多普选票，但最后当选总统的是亚当斯。1932年，现代民调之父乔治·盖洛普（George Gallup）在爱荷华州的一次地方选举中开展了他的第一次民意调查。同年，伦西斯·李克特设计了新型调查模式，当时计算机还未问世，也不存在电子数据库。调查结果必须用分类账簿或手动打字机人工记录，通过机械加法机计算总分。后来出现了能存储数据的穿孔卡（年纪大的人们可能还记得上面的警告“请勿折叠、卷曲或损坏”），然而这也未能提高调查计算的效率。

民意调查的历史充满曲折。其中，最臭名昭著的民调失败案例之一是1936年的《文粹》（*Literary Digest*）的总统预测，其通过调查得出结论，共和党总统候选人艾尔弗·兰登（Alf Landon）将以57%的得票率压倒现任总统富兰克林·德拉诺·罗斯福（Franklin Delano Roosevelt）。然而，1936年，罗斯福总统以63%得票率顺利赢得连任，第二年《文粹》宣告破产。

在数字时代，我们所能使用的数据收集和分析工具要比过去先进许多。但是，尽管有这些技术进步，我们的消费者调查方法还停留在20世纪。我们无视不同消费者的个性和期望，对他们进行“一刀切”的调查。我们把良好的消费者体验看作是一个预先写好的“剧本”。如果销售人员没有按照“剧本”内容工作，那么我们就会认为是他们造成了消费者不满。

如今市场上竞争激烈，我们必须做得更好。而有了这些电子工具，我们也确实能做到更好！

回想一下前文谈到的“销售漏斗”理论，以及潜在消费者是如何一步步完成交易的，再想想无处不在的电话分支系统。在这个系统中，呼叫者根据需要被转接到不同的目的地。开展调查活动时，必须采用同样的方法。与其把时间浪费在无意义的人口统计问题上，如客户的年龄或性别，不如根据调查对象的期望进行分类。只要几个问题就可以了。例如，对于一家名为史密斯百货的商店，前4个调查问题可以是这样的。

我来到史密斯百货时，我想要：

A. 尽快高效地完成购买。

B. 花时间了解该商店和店员。

C. 在购买产品之前了解全部信息。

D. 咨询我同伴的意见。

由于这只是一轮“资格赛”，受访者可以选择最接近自己预期的答案。这就可以确保他们只选择一个答案。

这是一种“跳题逻辑”（skip logic），即根据受访者对当前问题的回答情况来确定接下来向其提供哪一组问题的策略。跳题逻辑也被称为“条件性分支”（conditional branching）或“分支逻辑”（branch logic），指在调查中创造了一条个性化的路径，确保受访者看到的是与他们的体验相关度较高的问题。跳题逻辑为你和受访者节省了时间，尽可能避免受访者对与他们无关的问题感到厌烦，也避免了他们为完成调查而随意选择答案。

## 针对掌控者的调查

根据他们第一题的选择，受访者将面对4种不同的调查问卷中的一种。呈现给掌控者的调查将不同于给友好者、分析者和协作者的调查。给掌控者的调查不仅包括关注产品质量这种普遍性的问题，还包括一些旨在衡量公司以掌控者特定期望为基础，能得到多少喜爱和厌恶分数的问题。同样，其他三种类型也是如此：每类消费者都将得到一份定制调查，以衡量品牌在多大程度上满足了他们的期望。

第一道限定性问题回答完毕后，每位受访者将会匹配到适合他们的问题。他们接下来要回答两组题目。每组题目不应超过5个，加上初始问题，最多有10道题。

在第一组5个问题中，一位掌控型消费者需要回答自己喜欢消费者体验的哪些方面。在第二组5个问题中，这位消费者需要回答对消费者体验的不满之处在哪儿，我们想让他们说出自己都讨厌什么。喜爱和厌恶的问题顺序如下：

**喜爱值**。请使用1（不喜欢）、2（还行）、3（喜爱）或4（非常喜爱）的分数，说明您对以下五件事的满意程度。

A. 我进入商店时与第一位销售员的互动。

B. 我与服务我的销售员的互动。

C. 我等待结账的时间。

D. 是否有我想要的产品。

E. 我完成购买并离开商店所花的时间。

**厌恶值**。请使用1（不太好）、2（较差）、3（厌恶）或4（非常厌恶）的分数，说明您对以下五件事的不满程度。

A. 等待销售人员向我打招呼所用的时间。

B. 寻找我想要的产品所用的时间。

C. 实际产品与我预想的产品之间的匹配程度。

D. 结账过程。

E. 销售人员对我和我的需求的关注程度。

正如你所看到的，这两部分提出的问题相似，但不完全相同。我们之所以特别询问消费者可能讨厌的东西，是因为允许他们表达自己的真实感受。我们询问消费者对体验的不满之处，希望他们能够告诉我们。

还要注意的是，这些问题与掌控者的价值观和期望尤其相关。这名顾客知道自己想买什么，并想尽快完成购买。他/她不会关心销售人员有多“友好”、产品信息解释得如何，也不在乎商店的外观。

除此之外，还有一个非常重要的事要注意：这名顾客是一个掌控者，因此我们应该做好心理准备——收到低水平的喜爱值打分。不过，第一组第四题和第二组第三题这两道题可能属于例外，因为它们与产品本身相关，这也正是她来店购物的原因。如果消费者是掌控者，那么你的首要任务就是确保销售过程顺畅舒适，因为掌控者并不享受购物本身的乐趣。他们不在乎一个汽车店的服务部门是不是有零食，或者能不能在顾客休息室里看有线电视。他们只想停下车，离开，到时间后再来取车。如果你问他们顾客休息室的舒适度，他们会感到厌烦，因为这个问题对他们来说无关紧要。对于掌控型消费者，你应该尽可能杜绝让他们感到厌恶，同时接受他们苛刻的喜爱值打分。

## 针对分析者的调查

现在让我们看看，递交给分析型消费者的调查应如何设计。其中部分问题是相同的（起到对照组的作用），而其他问题是为分析者量身定制的。

**喜爱值**。请使用1（不喜欢）、2（还行）、3（喜爱）或4（非常喜爱）的分数，说明您对以下五件事的满意程度。

A. 我进入商店时与第一位销售员的互动。

B. 我与服务我的销售员的互动。

C. 销售员为我提供的产品信息。

D. 我对选择该产品的信心。

E. 向我解释产品的退货政策。

**厌恶值**。请使用1（不太好）、2（较差）、3（厌恶）或4（非常厌恶）的分数，说明您对以下五件事的不满程度。

A. 我能看完所有想看的产品，没有人催我。

B. 销售员介绍我想要的产品所用的时间。

C. 实际产品与我预想的产品之间的匹配程度。

D. 我相信销售员给我的是最佳建议。

E. 销售员对我和需求的关注程度。

对于分析型消费者，你要特别注意与他们信息知情程度有关的回答，因为这可能是对他们来说最重要的体验部分。

当然，这些只是假设性的样本问题。你提出的问题需要专门对业务环境和消费者群类型进行定制。例如，针对在线企业的调查会与酒店或餐厅的调查大不相同。关键是，RealRatings评分系统的调查将根据**消费者的个人期望**，为你提供关于他们好恶的高度具体、具有可操作性的信息。喜爱/厌恶问题组会有轻微重复，以提供对回答真实性（或不真实性）的验证。例如，如果一个掌控者对她付款所等待的时间表达了低水平的喜爱（问题1-C），那么你应该有心理准备，她对结账过程表达相应的高水平的厌恶（问题2-D）。

本书中，我已经讲述了4类基本的消费群体，但这只是最基本的分类。在实践中，你的企业如果认为有必要，可以创建尽可能多的消费群体分类。你可以增加人口统计学的限定词，如年龄，但只有在你觉得不同的年龄组有不同的期望时，比如不同年龄段的消费者购买了不同的产品，你才需要这样做。消费者调查的一个诀窍，是在消费者感到厌烦并想挂断电话之前，迅速让他们通过消费者类型分类阶段，这在电话调查中尤为常见。在线调查会进行得更快，因为受访者阅读文本的速度比采访者念问题的速度快得多。

在数字时代之前，调查不可能达到这种程度的灵活细致。那时候没办法处理太多的数据，而且没有“电话分支”功能，即根据受访者的情况立即将其进行分类的功能。如今，有了强大的数据库和处理工具，我们可以构建一个RealRatings评分系统，向每位受访者提供一个简洁的、符合他们预期的调查。

## 诱导性问题

传统调查往往有这样的缺陷，即含有建议受访者应如何回答的问题或陈述。所谓“诱导性问题”，就是根据问题的框架，促使受访者以特定的方式进行回答的问题。设计这类问题不是为了得到一个真实公正的答案，这类问题通常包含调查者想要确认的嵌入式信息。

例如，商店对顾客提出的诱导性问题可能是：“您在史密斯百货购物体验有多愉快？”答案可能从“并不”到“非常喜欢”递进。尽管用词微妙，但还是能看出此问题是基于这次购物令人愉快的假设，并引导受访者做出积极的回应，这可能会让商店的经理感到高兴。一个诱导性问题可能基于一个假设以及对未来的直接暗示：“如果你喜欢这次会议，那么需要我们明年再开一次吗？”同样，受访者会被微妙地诱导做出“好的”的回答。

二分法提问是指只有两种可能的答案的问题，答案通常是“是”或“不是”。如果此类问题使用得当，得出的答案可能不偏不倚，但这类问题常错误地用在应有多个选择的问题上，比如“我总是买有机食品”。这句陈述的问题在于，“总是”“有机”“食品”是受到了受访者主观理解的影响，这就使调查结果毫无价值。

还有一些问题要求受访者去想象其他人的看法。例如，如果你问：“忧心的家长是否应该使用婴儿汽车座椅？”那么你不是在询问受访者的个人意见，而是他们对一般人所持看法的意见。这一答案不会准确反映出受访者的意图。

“双管齐下”型提问（“Double-barreled” questions）将两个本需要分开问的问题合在一个问题中。例如，假设一家饭店的服务人员问：“您总是在饭后喝咖啡、吃甜点吗？”这个提问的问题很多。首先是“总是”一词的使用，我们已经知道这样的用词是不恰当的。其次是合并了“喝咖啡”和“吃甜点”，因为你可以只喝咖啡，或者只吃甜点。这两件事需要变成单独的问题，所以提问应该改成“上一次您在饭店就餐时，您是否在饭后点了咖啡？您是否点了甜点？”

调查问卷往往是由有意识或无意识地偏向于从消费者那里获得对品牌有利的——或者至少不是不利的——反应的人所撰写的。这体现了一种心理学现象，即想知道人们喜欢什么，然后寻找证据，证明消费者在某种程度上喜欢我的品牌、服务或产品。于是接下来的问题就变成：我们应该如何向消费者提供更多他们所喜欢的东西呢?

这是符合逻辑的。每个企业都想给人们提供他们喜欢的东西。RealRatings评分系统背后强烈传达出的信息是，我们还必须找出消费者讨厌什么，然后采取措施减少这些因素。那么，RealRatings评分系统的问题是否也有隐含的偏倚，答案是“是”。每一组问题——喜爱和厌恶——都是基于现实世界的事实，即在每一个消费者经历所有接触点的旅程中，都会有他们喜欢这种体验的时候，也有他们讨厌这种体验的时候。记住，任何企业都不可能提供百分之百完美的体验。企业提供的服务不可能同时全部满足快速、低廉、高质量和合乎道德这些特质。鱼与熊掌不能兼得，你必须舍弃其中之一。

这就促使我们站在消费者面前问：你喜欢体验的哪些部分？这些问题的设计十分坦率，旨在引导消费者了解自己喜欢的体验。然后，我们也同样询问消费者他们不喜欢什么。不必遮遮掩掩，我们想知道我们败在何处！

## 计分

计算评分有两种方式。

- **总分数：**

计算总分时，你只需简单地把喜爱值和厌恶值的分数分别相加，然后两者相减便可。最后得出的分数可以体现你的消费者基于调查中触点体验的整体评价。

RealRatings系统要求受访者对每个问题都要进行回答。因此，在一项有五个问题的调查中，喜爱值的总分可能从最低的5分到最高的20分不等。厌恶值也是如此。

用喜爱值总分减去厌恶值总分，就能得到总分数。

消费者对你品牌的最大喜爱程度可能是20分喜爱值−5分厌恶值=15分。这是最好分数。

消费者对你品牌的最大厌恶程度可能是5分喜爱值−20分厌恶值=负15分。这是最差分数。

在本书中我说过，只能得出一个分数的调查不够准确，也不是很有用。确实是这样。RealRatings评分系统得出的总分数可以让你大致了解消费者对你的看法，如果你使用的是同样的调查，进行年度同比的比较是很有用的。

**·项目分**

RealRatings评分系统的真正力量在于能够精确定位消费者喜欢和厌恶的地方，然后让你更具体地深入研究这些方面。假设你向一组消费者提出10个问题，结果显示他们对你网站上的体验有高厌恶分和低喜爱分。鉴于网站是一个复杂的问题，这些评分并不能告诉你很多东西。因此，在了解到消费者的厌恶后，你需要做两件事。

**1.分析网站上的访客数据。**查看访问者的数量、浏览过的页面、浏览时间、有多少人放弃了购物车。所有这些数据都是网站可以生成的常用指标。

**2.编写一份专门询问网站体验的调查。**现在，不仅限于关于网站的问题，你还可以设置一系列问题，每个问题都针对一个不同的方面。将结果列成表，进行分析，看看哪个方面的问题最突出。比如，也许网站导航造成消费者严重不满，潜在消费者因此而放弃搜索他们想要的产品。你可以解决这个问题，然后再次调查消费者。这种方法成本低、效率高，非常推荐！

## 总而言之

RealRatings评分系统是一种多样化调查方法，与传统的调查相比提供了更好的洞察。此外，由于消费者体验是一项创新活动，RealRatings将为你提供所需的设计灵感，以尽可能构建和设计最佳的消费者体验。

我们为消费者设计调查时，在问题的编写上字斟句酌，以确保考虑到各类消费者群体对问题可能产生的看法。调查行业把了解客户的思考过程变成了一个“黑匣子”，从而赚得盆满钵满。想要做对这件事，就需要对这些原则进行更加精准的应用。

我也曾经被消费者体验行业所蒙骗。展开调查的过程令人感到温暖和舒适。这种方法简单、风险很低，还能生成漂亮的图表。然而，采取多维度的方式收集关于消费者好恶的洞见则更好。你可以利用这些见解，在所有接触点中为各类消费者群体提供卓越的体验。这件事值得一试！毫无疑问，快速、积极地提升消费者体验的最佳方式是具体地了解他们的好恶。收集和分析消费者的厌恶可以快速纠正可能会导致企业失败的负面体验。

## 消费者体验创新战略

如果你想提升消费者影响力，利益相关者的认可，以及可衡量的投资回报，那么你必须提出一个消费者体验战略。你的计划中应该包含支持战术实施的附属计划，如下：

- 设立详细的消费者体验创新目标和预期结果。
- 与企业最重要的使命相关联。
- 搭建跨部门的团队架构。
- 开展内部沟通计划，以便更好利用合作资源。
- 如果可能的话，为消费者体验创新中心正式制定战略。
- 不仅仅是基于财务回报的、经过深思熟虑的KPI（关键绩效指标）。这些指标应该包括对企业使命、品牌和长期消费者满意度影响的回报。
- 使用图形化的报告工具，包括管理展示板。

•使用RealRatings评分系统，采用系统全面且显著改进的方法来获取消费者真实的想法。

•其他依据你的企业和行业情况有针对性部署的策略。

## 行动起来！

以4类主要的消费者人群（掌控者、分析者、友好者和协作者）为出发点，在先进的电子数据收集和管理技术的帮助下，我们可以根据消费者对接触点旅程的**个人期望**来调查他们的需求。这种方法背后的原理是，一个消费者喜欢的东西，另一个消费者可能会讨厌，接触点旅程必须适应每一类消费者。

然后，利用RealRatings评分系统，我们可以从消费者那里准确地了解到他们对公司、品牌或服务的喜爱之处和讨厌之处。这两方面的答案都是同样必要和有用的。我们的目标是提高喜爱值，同时降低厌恶值。

这些都属于整个消费者体验战略的一部分，必须成为企业日常运营的核心部分，也是企业为了成长和成功应坚持的长期计划。在一个竞争激烈的世界中，坚持不懈地降低消费者对企业的不满，将收获满意度更高的终身消费者，使产品销量突飞猛进，盈利持续增长，迎接企业的光明未来。

# 感谢阅读

感谢您阅读《好评》。本书旨在挑战传统的消费者体验“最佳实践”的框架和观点。踏出舒适圈，以新的眼光审视问题需要一定的勇气，也需要对新思想有开放的态度。本书所揭示的原则是基于我一生的研究所得，在我本人的实践中得到了应用，也在多个行业和企业经营中取得了巨大的成功。我相信，这些切合实际的解决方案将对您和您的企业大有裨益。

在此致以我最诚挚的感谢，祝您一切顺利！

# 注　释

## 01　你的消费者讨厌你，赶紧习惯这一点吧！

1. *Car and Driver*. https://www.caranddriver.com/news/a34992832/battery -price-drop-2023/.

2. Brex.com. https://www.brex.com/blog/what-is-a-good-profit-margin/#:~:text=An%20NYU%20report%20on%20U.S.,20%25%20is%20a%20high%20margin.

3. *TIME*. https://time.com/5629233/amazon-warehouse-employee-treatment-robots/.

4. DigitalCommerce360. https://www.digitalcommerce360.com/article/amazon-sales/#:~:text=quarter%2C%20ending%20Dec.-,31%2C%202020%2C%20Amazon%20reported%3A,the%20prior%20year’s%20%2436.90%20billion.

## 02 接触点 1 预接触

1. *Business Insider*. https://www.businessinsider.com/uber-lyft-having-devastating-effect-on-public-transportation-study-2019-1.

2. Recruiterbox. https://recruiterbox.com/blog/how-negative-employee-reviews-hurt-employer-brand-and-how-to-stop-them.

## 04 接触点 3 核心接触

1.https://www.mediapost.com/publications/article/201157/shoppers-prefer-personalized-brick-mortar-vs-on.html?print#axzz2VYmFamie.

2.Cornell Law School. https://www.law.cornell.edu/wex/bait_and_switch#:~:text=A%20%E2%80%9Cbait%20and%20switch%E2%80%9D%20takes,not%20actually%20intend%20to%20sell.&text=A%20%E2%80%9Cbait%20and%20switch%E2%80%9D%20is%20also%20a%20violation%20of%20the,and%20Deceptive%20Business%20Practices%20Act.

3. HBS. https://digital.hbs.edu/platform-digit/submission/23andme-losing-at-digital-privacy/.

## 05 接触点 4 后续接触

1. Nielsen. https://www.nielsen.com/us/en/insights/report/2012/global-trust-in-advertising-and-brand-messages-2/.

2. Influencer Marketing Hub. https://influencermarketinghub.com/influencer-marketing-benchmark-report-2021/.

3. *Entrepreneur*. https://www.entrepreneur.com/article/285613#:~:text=According%20to%20recent%20reports%2C%20social,often%20

than%20any%20other%20leads.

4. *TIME*. http://content.time.com/time/specials/2007/0,28757, 1658545,00.html.

5. *Philadelphia Inquirer*. https://www.inquirer.com/philly/business/ 20140930_Comcast_names_a_top_exec_to_fix_bad_customer_service.html.

6. ABC News. https://abcnews.go.com/Business/comcast-apologizes-unacceptable-customer-service-call-end/story?id=24567047.

7. Elliott.org. https://www.elliott.org/is-this-enough-compensation/ comcast-thinks-husband-ahole-put-writing/.

8. *Forbes*. https://www.forbes.com/sites/micahsolomon/2017/11/06/ turning-the-customer-ship-around-how-comcast-yes-comcast-has-been-working-to-improve/?sh=365688a7753b.

9. Fiercetelecom. https://www.fiercetelecom.com/telecom/how-comcast-changed-customer-care-landscape-its-digital-tools-during-covid-19.

10. CXOTalk. https://www.cxotalk.com/episode/customer-experience-transformation-comcast.

11. CXOTalk. https://www.cxotalk.com/episode/customer-experience-transformation-comcast.

12. Bizjournals.com. https://www.bizjournals.com/philadelphia/ news/2020/06/09/comcast-customer-satisfaction-acsi-survey.html.

## 06 接触点 5 持续接触

1.https://www.amazon.com/Golden-Opportunity-Remarkable-Careers-McDonalds/dp/1604332794/ref=sr_1_1?dchild=1&keywords=%E2%80%9CG

olden+Opportunity%3A+Remarkable+Careers+That+Began+at+McDonald%E2%80%99s.%E2%80%9D&qid=1618850227&sr=8-1.

## 07 你以为的消费者需求，不是你的唯一关注点

1. QuoteInvestigator. https://quoteinvestigator.com/2011/07/28/ford-faster-horse/.

2. Ibid.

3. *Isaacson*. https://www.amazon.com/Steve-Jobs-Walter-Isaacson/dp/1451648537.

4. Apple. https://jobs.apple.com/en-us/details/200233451/iphone-market-research-analysis-manager.

5. Apple. https://jobs.apple.com/en-us/details/200233451/iphone-market-research-analysis-manager?team=MKTG.

6. *Wall Street Journal*. https://www.wsj.com/articles/BL-DGB-24752.

## 08 现实世界中的艰难抉择

1. Vox.com. https://www.vox.com/2014/4/25/5647696/the-way-we-board-airplanes-makes-absolutely-no-sense.

2. Statista. https://www.statista.com/statistics/539278/customer-complaints-by-us-airlines/#:~:text=U.S.%20airlines%20by%20rate%20of%20customer%20complaints%202020&text=This%20statistic%20represents%20the%20U.S.,enplanements%20on%20domestic%2Dscheduled%20operations.

3. *Fast Company*. https://www.fastcompany.com/3052604/how-ikea-

designs−its−infamous−instruction−manuals.

4. *New York Times*. https://www.nytimes.com/2017/09/28/ business / ikea−taskrabbit.html?mcubz=0&_r=0.

5. *Business Insider*. https://www.businessinsider.com/ikea−help−assemble−furniture−taskrabbit−2018−1.

6. NBC News. https://www.nbcnews.com/id/wbna37238500.

7. Teen Ink. https://www.teenink.com/hot_topics/what_matters/article/342939/Why−I−Hate−Facebook.

8. *New Yorker*. https://www.newyorker.com/magazine/2020/10/19/why−facebook−cant−fix−itself.

9. Mashable. https://mashable.com/article/why−we−dont−delete−facebook−account/.

## 09 消费者体验危机处理小队的宝贵经验

1. Pegasystems. https://www.pega.com/system/files/resources/2019−09/the−good−the−bad−the−ugly.pdf.

2. Walt Disney Co. https://www.disneyinstitute.com/blog/customer−service−101−happiness−is−a−purple−balloon/.

## 10 你的员工会创造喜爱

1. Medium. https://medium.com/the−mission/employee−performance−depends−on−these−3−critical−factors−4393b5b2f90e.

## 11 消费者体验创新

1. Nielsen. https://nielseniq.com/global/en/insights/report/2015/looking-to-achieve-new-product-success/.

2. Federal Reserve. https://fred.stlouisfed.org/series/OPHNFB.

3. TCM.net. http://www.tmcnet.com/articles/comsol/0100/0100pubout.htm.

4. BankMyCell.com. https://www.bankmycell.com/support/e-waste-cell-phone-recycling-facts#stats1.

5. *Business Insider*. https://www.businessinsider.com/how-airbnb-was-founded-a-visual-history-2016-2#in-september-2019-airbnb-announced-its-plan-to-go-public-in-2020-29.

## 12 把幸福作为一种战略

1. SHRM. https://www.shrm.org/about-shrm/press-room/press-releases/pages/shrm-reports-toxic-workplace-cultures-cost-billions.aspx#:~:text=NEW%20YORK%20%E2%80%94%20One%20in%20five,SHRM%20report%20on%20workplace%20culture.

2. *Harvard Business Review*. https://hbr.org/2018/03/the-economics-of-why-companies-dont-fix-their-toxic-cultures.

3. EBN. https://www.benefitnews.com/news/employee-stress-lost-productivity-costing-employers-billions.

4. Officevibe. https://officevibe.com/blog/employee-surveys-infographic.

5.https://www.linkedin.com/pulse/stop-wasting-money-benefitsemployees-dont-value-nishal-mistri/.

6. https://www.comparably.com/news/happiest-employees-2020/.

7. Zoom. https://zoom.us/.

## 13 消费者调查是你的敌人

1. Retaildive. https://www.retaildive.com/spons/whats-wrong-with-retailers-customer-surveys/525124/.

2. PewResearch. https://www.pewresearch.org/fact-tank/2019/02/27/response-rates-in-telephone-surveys-have-resumed-their-decline/.

3. Quirks.com. https://www.quirks.com/articles/why-conventional-customer-surveys-create-a-false-sense-of-security.

## 14 RealRatings 评分系统：消费者调查的未来之选

1. SurveyAnyPlace.com. https://surveyanyplace.com/survey-fatigue/.

2. mTab. http://www.mtab.com/why-people-lie-on-customer-surveys-and-how-to-minimize-it/.